초등 3, 4학년 교과 단어 수록

혼공

초등 영단어
STARTER ②

KB134643

혼공북스

이 책의 특징

하나
본격 초등 영어 시작!

초등생을 위한 영단어 프로그램

❶ 파닉스와 사이트 워드를 끝낸 초등생을 위한 영단어 제공

파닉스와 사이트 워드로 읽기 준비를 시작했나요?

읽기를 더 잘하기 위해서는 학년별로 200여 단어를 학습해야 해요.

영단어를 많이 아는 것이 곧 영어 실력으로 연결되기 때문에 그 의미와 쓰임을

정확히 알고 있어야 해요.

❷ 교과서 수록 필수 영단어 제공

3, 4학년 교과서를 중심으로 분석하여 필수 영단어 320여 개와

필수 문장 패턴 30여 개로 교재를 구성했어요. 초등 영어 교과 과정과

읽기 능력 향상에 필수적인 단어와 문장을 학습할 수 있어요.

❸ 주제별 영단어 제공

교육부 권장 초등 영단어를 주제별로 정리하여

제시된 단어들을 문장 패턴으로 다시 확인할 수 있어요.

교과서 문장을 패턴별로 배우는 이유는 단어의 정확한 뜻은 물론

기본 문장까지 마스터할 수 있기 때문이랍니다.

둘

4단계 학습 과정

단어 만나기	문장 만나기	복습하기	리딩하기
주제 중심의 단어들을 다양한 연상법으로 기억하기	교과서 문장 패턴 속 단어를 문맥 속에서 만나기	각 챕터의 전체 단어를 한번에 정리하여 복습하기	단어들이 사용된 이야기를 읽고 학습을 마무리하기

초등 저학년 시기에는 읽기의 기본기를 쌓아야 해요. 초등 저학년들에게 필요한 것은 파닉스, 사이트 워드뿐만 아니라 학습 수준에 맞는 단어 능력이에요. 주제 중심으로 구성된 단어들을 문장으로 확장하는 경험으로 의미를 확장하는 방법을 터득할 수 있어요. 그 단어들을 문장으로 복습하고 리딩으로 마무리하는 4단계 프로세스를 통해 쉽게 기억할 수 있어요. 또한 QR코드로 제공되는 오디오 파일을 들으며 읽기뿐 아니라 말하기와 쓰기까지 함께 할 수 있어요.

셋

단어 학습 순서

❶ 철자 확인

철자가 맞는 단어 선택하기 + 빈칸에 철자 채워 넣기

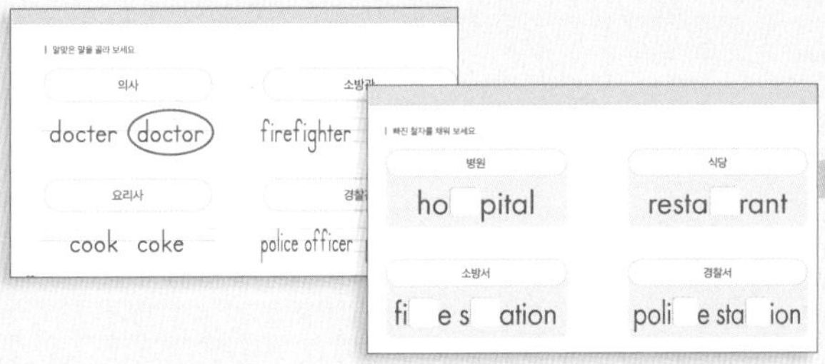

❷ 단어와 단어의 연결

유닛별로 같은 주제로 묶인 단어들을 연결하여 연상하기

❸ 문장과 연결

교과 문장 패턴을 사용하여
단어들을 바로바로 확장하기

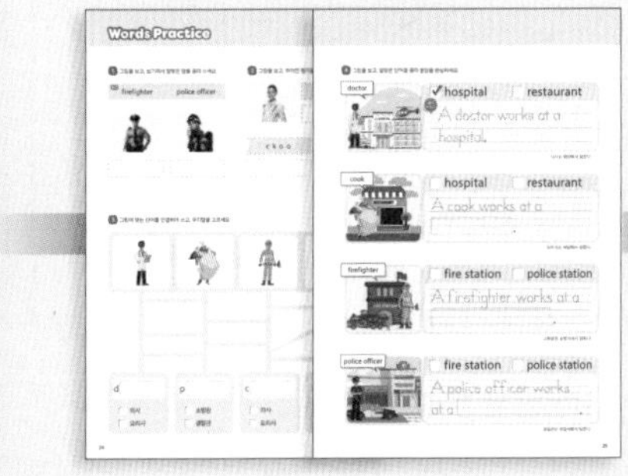

❹ 리딩

학습한 단어를 주제로 한 지문을
읽어 보기

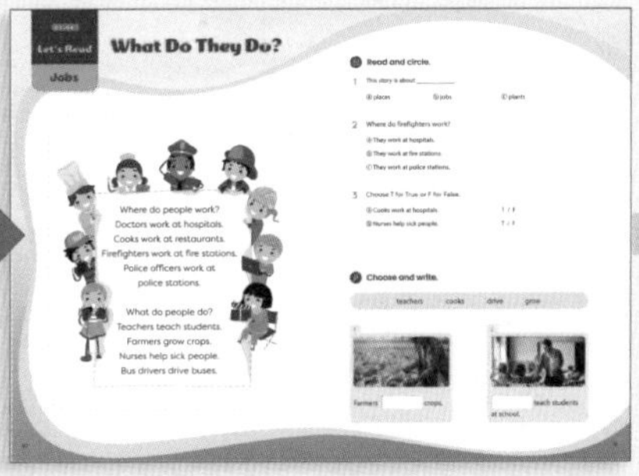

❺ 챕터 복습

각 챕터의 단어를 모두 써 보며
정리하기

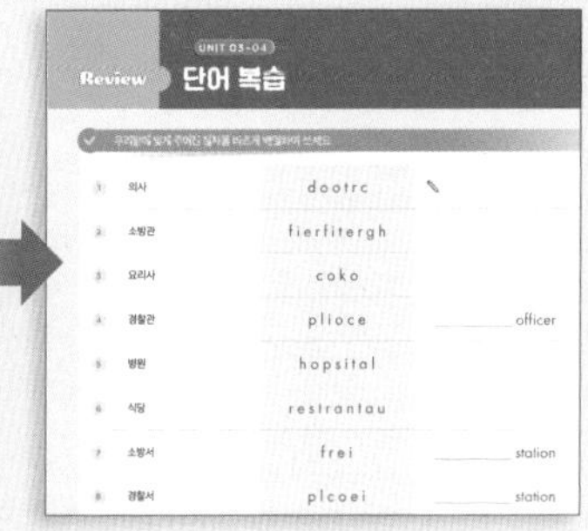

이 책의 구성

Vocabulary
주제별로 교과 단어들을 제시

이미지를 통해 단어 의미를
쉽게 파악하기

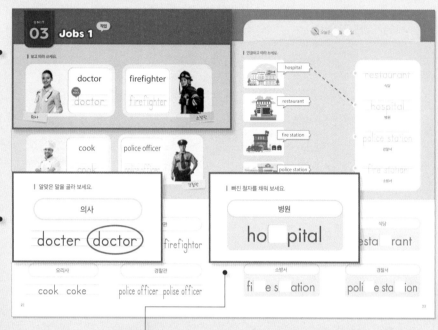

문제 1 단어의 올바른 철자 찾기

단어의 올바른 철자를 찾으며 단어를
재확인하기

문제 2 단어의 올바른 철자 채우기

빈 칸에 들어갈 철자를 채우며 단어 학습 집중도 높이기

이미지로 단어 확인 단어 기억법 1

이미지에 맞는 단어를 선택하며 단어 재확인하기

문장으로 단어 확인 단어 기억법 2

교과 문장 패턴에 응용된 단어 재확인하기

단어 듣기 오디오 QR

단어와 문장을 듣고 따라
말해 보기

지문 읽기 주제와 단어의 지문

전체 읽기로 단어와 읽기를
동시에 잡기

지문 이해 읽기 이해도 확인하기

주제, 소재 및 세부 사항들을
묻는 문제

문제 단어의 의미 확인하기

단어의 의미를 문제 속에서
재확인하고 복습하기

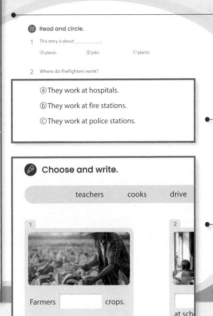

단어 확인 챕터 전체 단어

철자 찾기를 통해 전체 단어 확인하기

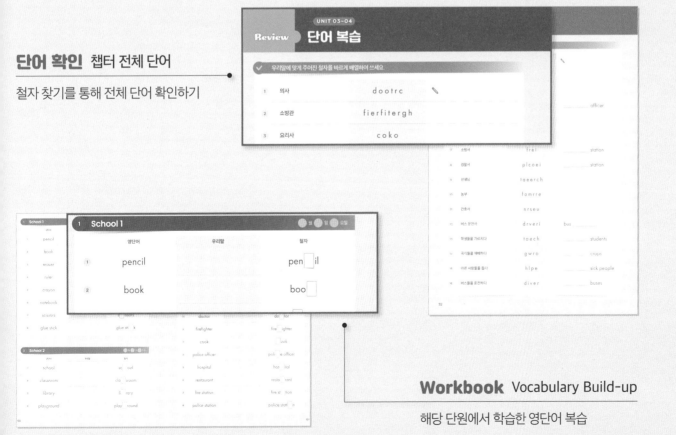

Workbook Vocabulary Build-up

해당 단원에서 학습한 영단어 복습

차례

CHAPTER 1

*School

UNIT 01

UNIT 01 듣기
QR코드를 스캔하여 단어와
문장을 듣고 따라해 보세요.

UNIT 02

UNIT 02 듣기
QR코드를 스캔하여 단어와
문장을 듣고 따라해 보세요.

보고 따라 쓰세요.

pencil

따라 써보기

pencil

연필

book

book

책

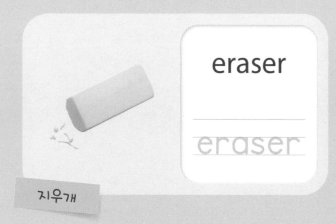

eraser

eraser

지우개

ruler

ruler

자

알맞은 말을 골라 보세요.

연필

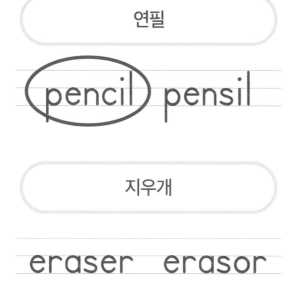

pencil   pensil

책

dook book

지우개

eraser erasor

자

roler ruler

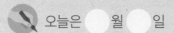
▌ 연결하고 따라 쓰세요.

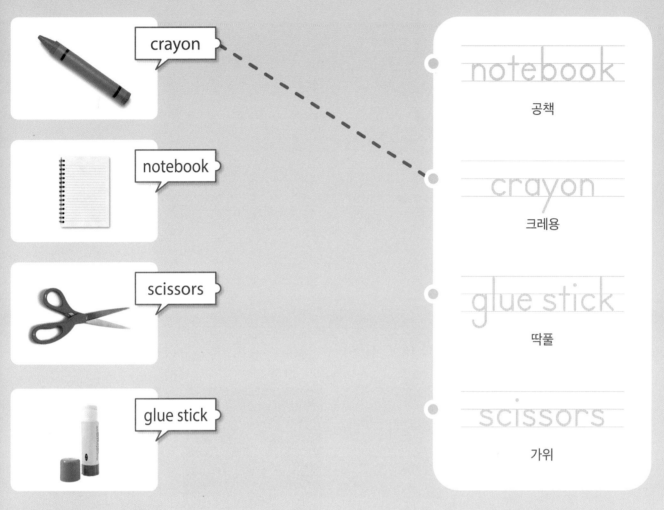

▌ 빠진 철자를 채워 보세요.

크레용	공책
cra☐on	not☐bo☐k

가위	딱풀
sci☐sors	☐lue stick

11

Words Practice

1 그림을 보고, 보기에서 알맞은 말을 골라 쓰세요.

보기   pencil   book

2 그림을 보고, 주어진 철자를 바르게 배열하세요.

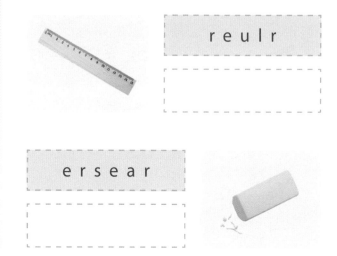

r e u l r

e r s e a r

3 그림에 맞는 단어를 연결하여 쓰고, 우리말을 고르세요.

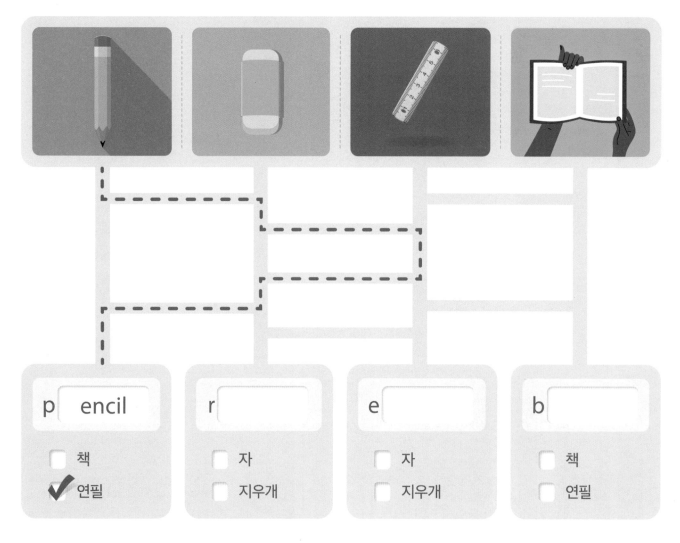

p	encil	r		e		b	

- ☐ 책
- ✔ 연필

- ☐ 자
- ☐ 지우개

- ☐ 자
- ☐ 지우개

- ☐ 책
- ☐ 연필

4 그림을 보고, 알맞은 단어를 골라 문장을 완성하세요.

☑ **crayon**　　☐ **notebook**

따라 써보기

Do you have a pencil or a crayon?

너는 연필이나 크레용이 있니?

☐ **crayon**　　☐ **notebook**

Do you have a book or a _____?

너는 책이나 공책이 있니?

☐ **scissors**　　☐ **glue stick**

Do you have an eraser or _____?

너는 지우개나 가위가 있니?

☐ **scissors**　　☐ **glue stick**

Do you have a ruler or a _____?

너는 자나 딱풀이 있니?.

| 보고 따라 쓰세요.

school

 따라 써보기

school

학교

classroom

classroom

교실

library

library

도서관

playground

playground

운동장, 놀이터

| 알맞은 말을 골라 보세요.

학교

skhool (school)

교실

classroom clessroom

도서관

libarly library

운동장, 놀이터

playground playnround

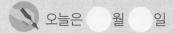
❙ 연결하고 따라 쓰세요.

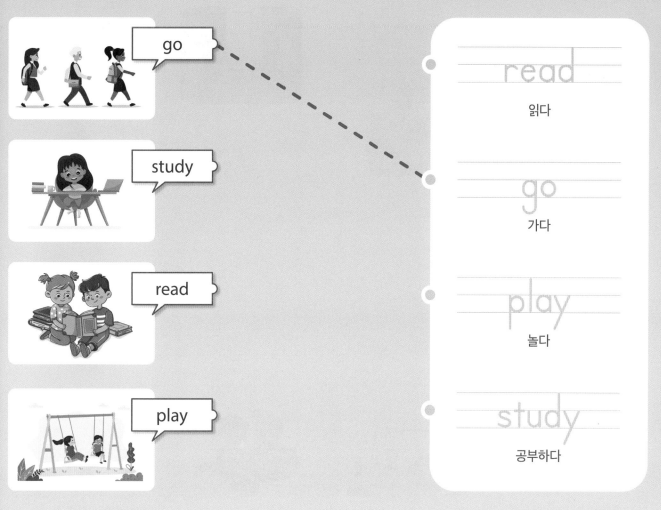

❙ 빠진 철자를 채워 보세요.

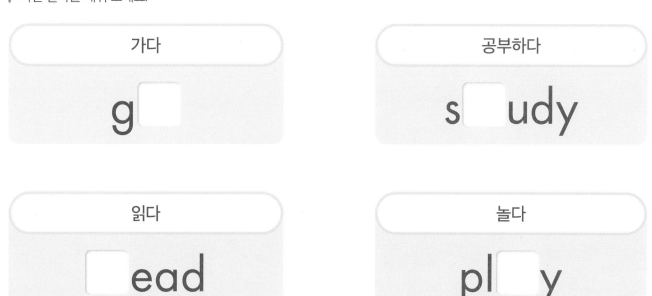

가다

g ☐

공부하다

s ☐ udy

읽다

☐ ead

놀다

pl ☐ y

Words Practice

1 그림을 보고, 보기에서 알맞은 말을 골라 쓰세요.

보기 playground   classroom

2 그림을 보고, 주어진 철자를 바르게 배열하세요.

l b i r r a y

s h o o c l

3 그림에 맞는 단어를 연결하여 쓰고, 우리말을 고르세요.

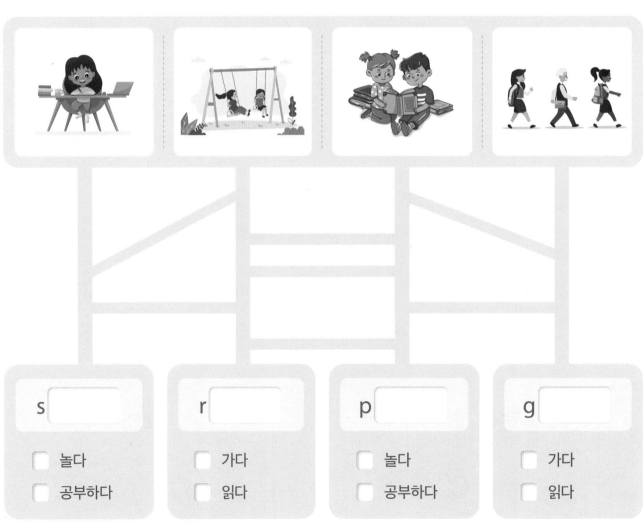

s

- [ ] 놀다
- [ ] 공부하다

r

- [ ] 가다
- [ ] 읽다

p

- [ ] 놀다
- [ ] 공부하다

g

- [ ] 가다
- [ ] 읽다

4 그림을 보고, 알맞은 단어를 골라 문장을 완성하세요.

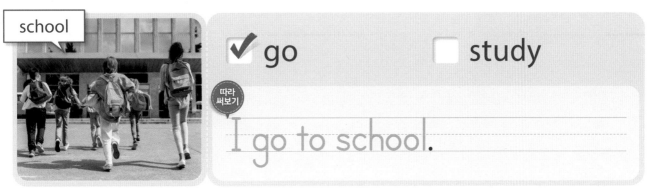

school

☑ go   ☐ study

따라 써보기

I go to school.

나는 학교에 간다.

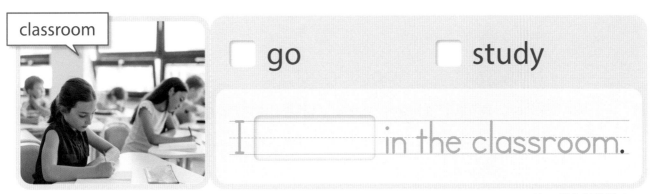

classroom

☐ go   ☐ study

I ⬚ in the classroom.

나는 교실에서 공부한다.

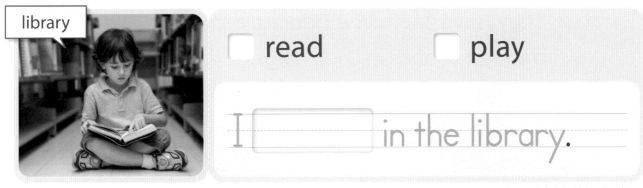

library

☐ read   ☐ play

I ⬚ in the library.

나는 도서관에서 (책을) 읽는다.

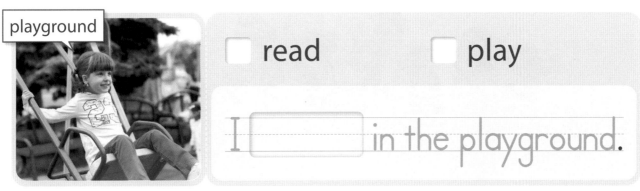

playground

☐ read   ☐ play

I ⬚ in the playground.

나는 운동장에서 논다.

Let's Read

School

They Are Best Friends!

Tom and Tim are best friends.
They do everything together.

They go to school together.
They read together in the library.
They play together in the playground.

They have the same things.
They have the same pencils, erasers,
and notebooks in their bags.

☑ Read and circle.

1 This story is about _____.

   ⓐ family   ⓑ school   ⓒ friends

2 Tom and Tim _____ together in the library.

   ⓐ read   ⓑ play   ⓒ write

3 They have the same _____.

   ⓐ rulers   ⓑ pencils   ⓒ glue sticks

✎ Choose and write.

| crayon | glue stick | scissors |

1

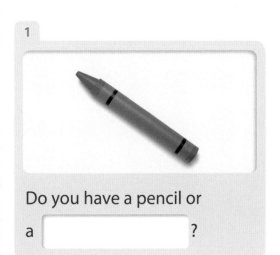

Do you have a pencil or

a [_____] ?

2

Do you have an eraser or

[_____] ?

Review 단어 복습

우리말에 맞게 주어진 철자를 바르게 배열하여 쓰세요.

1	연필	p i l c e n
2	책	b o k o
3	지우개	e a r s e r
4	자	r l u e r
5	크레용	c y a o n r
6	공책	n t o e b k o o
7	가위	s i c o r s s s
8	딱풀	g u e l s i k c t
9	학교	s h c o l o
10	교실	c l s s a r m o o
11	도서관	l b r r a y i
12	운동장, 놀이터	p a y l g u n d r o
13	가다	o g
14	공부하다	s u d t y
15	읽다	r a d e
16	놀다	p a y l

CHAPTER 2

✴Jobs

UNIT 03

UNIT 04

UNIT 03 듣기
QR코드를 스캔하여 단어와
문장을 듣고 따라해 보세요.

UNIT 04 듣기
QR코드를 스캔하여 단어와
문장을 듣고 따라해 보세요.

보고 따라 쓰세요.

doctor

따라
써보기

doctor

의사

firefighter

firefighter

소방관

cook

cook

요리사

police officer

police officer

경찰관

알맞은 말을 골라 보세요.

의사

docter   (doctor)

소방관

firefighter   firefightor

요리사

cook   coke

경찰관

police officer   polise officer

연결하고 따라 쓰세요.

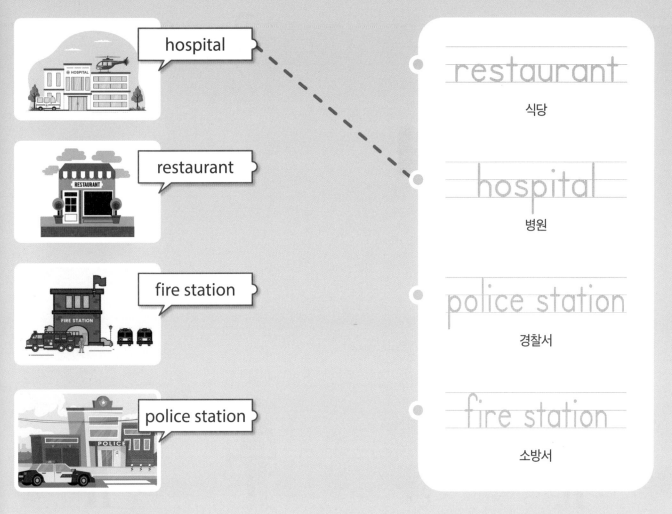

빠진 철자를 채워 보세요.

Words Practice

1 그림을 보고, 보기에서 알맞은 말을 골라 쓰세요.

보기 firefighter   police officer

2 그림을 보고, 주어진 철자를 바르게 배열하세요.

d c t r o o

c k o o

3 그림에 맞는 단어를 연결하여 쓰고, 우리말을 고르세요.

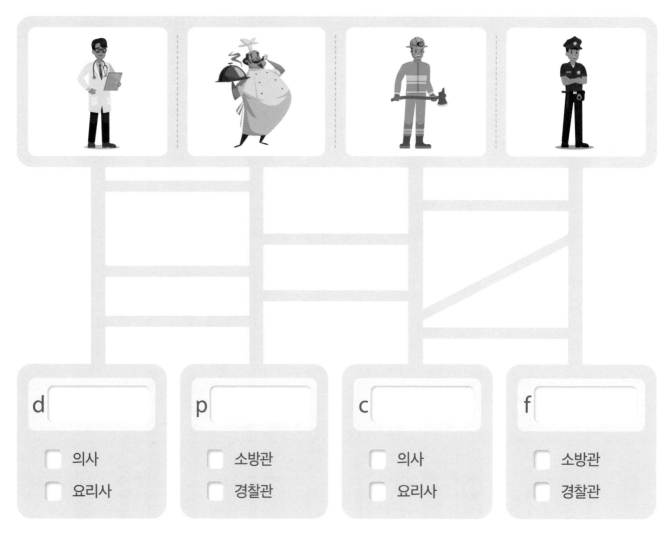

d

☐ 의사
☐ 요리사

p

☐ 소방관
☐ 경찰관

c

☐ 의사
☐ 요리사

f

☐ 소방관
☐ 경찰관

4 그림을 보고, 알맞은 단어를 골라 문장을 완성하세요.

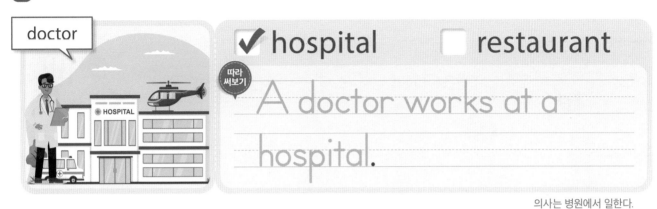

✔ hospital ☐ restaurant

따라 써보기

A doctor works at a hospital.

의사는 병원에서 일한다.

☐ hospital ☐ restaurant

A cook works at a

요리사는 식당에서 일한다.

☐ fire station ☐ police station

A firefighter works at a

소방관은 소방서에서 일한다.

☐ fire station ☐ police station

A police officer works at a

경찰관은 경찰서에서 일한다.

보고 따라 쓰세요.

teacher

따라 써보기

teacher

선생님

farmer

farmer

농부

nurse

nurse

간호사

bus driver

bus driver

버스 운전사

알맞은 말을 골라 보세요.

선생님

(teacher) teucher

농부

fermar farmer

간호사

nurse norse

버스 운전사

bus drivor bus driver

| 연결하고 따라 쓰세요.

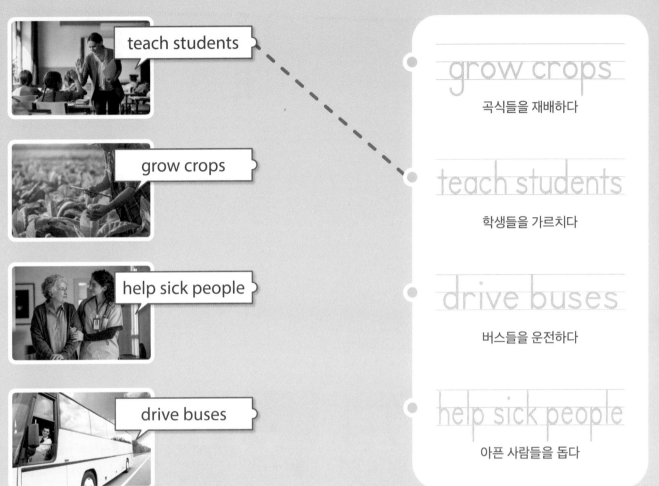

teach students

grow crops

help sick people

drive buses

grow crops
곡식들을 재배하다

teach students
학생들을 가르치다

drive buses
버스들을 운전하다

help sick people
아픈 사람들을 돕다

| 빠진 철자를 채워 보세요.

학생들을 가르치다

tea□h stu□ents

곡식들을 재배하다

gr□w cr□ps

아픈 사람들을 돕다

he□p sick peo□le

버스들을 운전하다

dr□ve buses

Words Practice

1 그림을 보고, 보기에서 알맞은 말을 골라 쓰세요.

보기
| farmer | bus driver |

2 그림을 보고, 주어진 철자를 바르게 배열하세요.

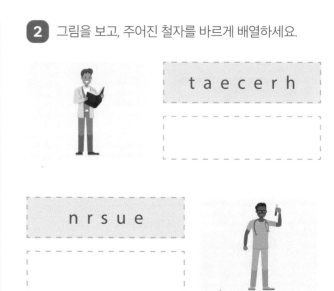

t a e c e r h

n r s u e

3 그림에 맞는 단어를 연결하여 쓰고, 우리말을 고르세요.

f

☐ 농부
☐ 버스 운전사

n

☐ 선생님
☐ 간호사

t

☐ 선생님
☐ 간호사

b

☐ 농부
☐ 버스 운전사

4 그림을 보고, 알맞은 단어를 골라 문장을 완성하세요.

teacher

☑ teach students ☐ help sick people

따라 써보기

Teachers teach students.

선생님들은 학생들을 가르친다.

nurse

☐ teach students ☐ help sick people

Nurses _____ .

간호사들은 아픈 사람들을 돕는다.

farmer

☐ grow crops ☐ drive buses

Farmers _____ .

농부들은 곡식들을 재배한다.

bus driver

☐ grow crops ☐ drive buses

Bus drivers _____ .

버스 운전사들은 버스들을 운전한다.

Let's Read

What Do They Do?

Jobs

Where do people work?
Doctors work at hospitals.
Cooks work at restaurants.
Firefighters work at fire stations.
Police officers work at
police stations.

What do people do?
Teachers teach students.
Farmers grow crops.
Nurses help sick people.
Bus drivers drive buses.

☑ Read and circle.

1 This story is about _____.

   ⓐ places   ⓑ jobs   ⓒ plants

2 Where do firefighters work?

   ⓐ They work at hospitals.

   ⓑ They work at fire stations.

   ⓒ They work at police stations.

3 Choose T for True or F for False.

   ⓐ Cooks work at hospitals.   T / F

   ⓑ Nurses help sick people.   T / F

✎ Choose and write.

teachers	cooks	drive	grow

1

Farmers [ ] crops.

2

[ ] teach students at school.

31

Review 단어 복습

우리말에 맞게 주어진 철자를 바르게 배열하여 쓰세요.

1	의사	d o o t r c	✎
2	소방관	f i e r f i t e r g h	
3	요리사	c o k o	
4	경찰관	p l i o c e	_____ officer
5	병원	h o p s i t a l	
6	식당	r e s t r a n t a u	
7	소방서	f r e i	_____ station
8	경찰서	p l c o e i	_____ station
9	선생님	t a e e r c h	
10	농부	f a m r r e	
11	간호사	n r s e u	
12	버스 운전사	d r v e r i	bus _____
13	학생들을 가르치다	t a e c h	_____ students
14	곡식들을 재배하다	g w r o	_____ crops
15	아픈 사람들을 돕다	h l p e	_____ sick people
16	버스들을 운전하다	d i v e r	_____ buses

Numbers

UNIT 05

UNIT 06

UNIT 05 듣기
QR코드를 스캔하여 단어와
문장을 듣고 따라해 보세요.

UNIT 06 듣기
QR코드를 스캔하여 단어와
문장을 듣고 따라해 보세요.

| 보고 따라 쓰세요.

eleven

eleven

열하나

twelve

twelve

열둘

thirteen

thirteen

열셋

fourteen

fourteen

14

열넷

fifteen

fifteen

열다섯

| 알맞은 말을 골라 보세요.

| 열하나 | 열둘 | 열셋 |

(eleven) eleben   twolev twelve   thirteen thriteen

| 열넷 | 열다섯 |

fourteen foulteen   fiveteen fifteen

┃ 연결하고 따라 쓰세요.

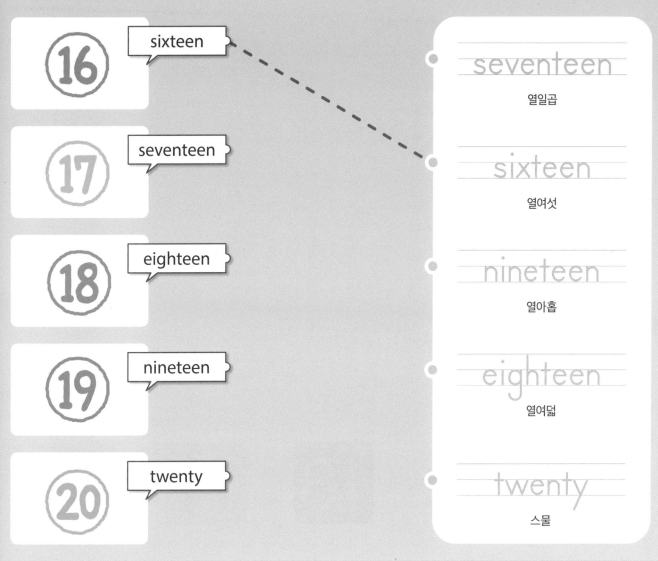

┃ 빠진 철자를 채워 보세요.

열여섯	열일곱	열여덟
si☐teen	sev☐nteen	e☐ghteen

열아홉	스물
☐ineteen	t☐enty

Words Practice

1 그림을 보고, 보기에서 알맞은 말을 골라 쓰세요.

보기 eleven   twelve   thirteen

⑫   ⑪   ⑬

[____]   [____]   [____]

2 그림을 보고, 주어진 철자를 바르게 배열하세요.

⑭   f u o r t n e e

[____]

f f i t e n e

⑮

[____]

3 그림에 맞는 단어를 연결하여 쓰고, 우리말을 고르세요.

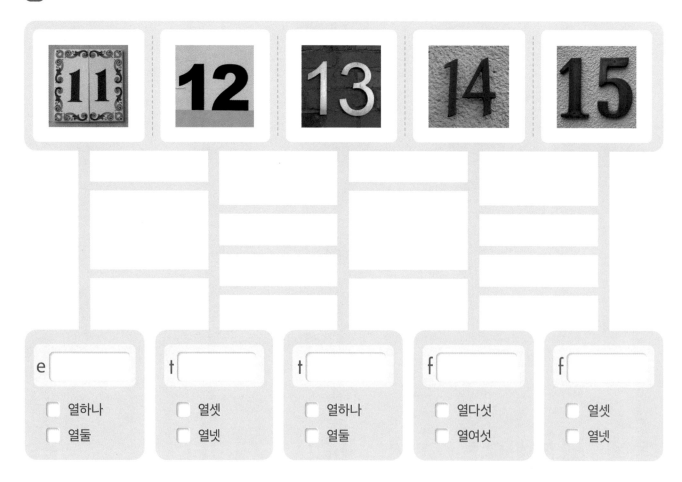

e[____]	t[____]	t[____]	f[____]	f[____]
☐ 열하나	☐ 열셋	☐ 열하나	☐ 열다섯	☐ 열셋
☐ 열둘	☐ 열넷	☐ 열둘	☐ 열여섯	☐ 열넷

4 그림을 보고, 알맞은 단어를 골라 문장을 완성하세요.

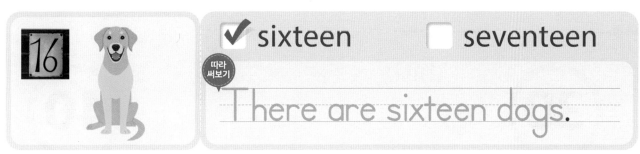

✔ sixteen   ☐ seventeen

따라 써보기

There are sixteen dogs.

열여섯 마리의 개들이 있다.

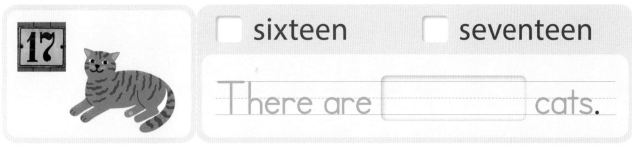

☐ sixteen   ☐ seventeen

There are [   ] cats.

열일곱 마리의 고양이들이 있다.

☐ eighteen   ☐ nineteen

There are [   ] pigs.

열여덟 마리의 돼지들이 있다.

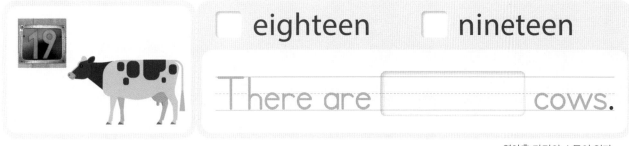

☐ eighteen   ☐ nineteen

There are [   ] cows.

열아홉 마리의 소들이 있다.

☐ nineteen   ☐ twenty

There are [   ] bees.

스무 마리의 벌들이 있다.

보고 따라 쓰세요.

thirty

따라
써보기

thirty

삼십

forty

forty

사십

fifty

fifty

오십

sixty

sixty

육십

알맞은 말을 골라 보세요.

삼십

therty (thirty)

사십

(forty) fourty

오십

fivty fifty

육십

sixty sitxy

연결하고 따라 쓰세요.

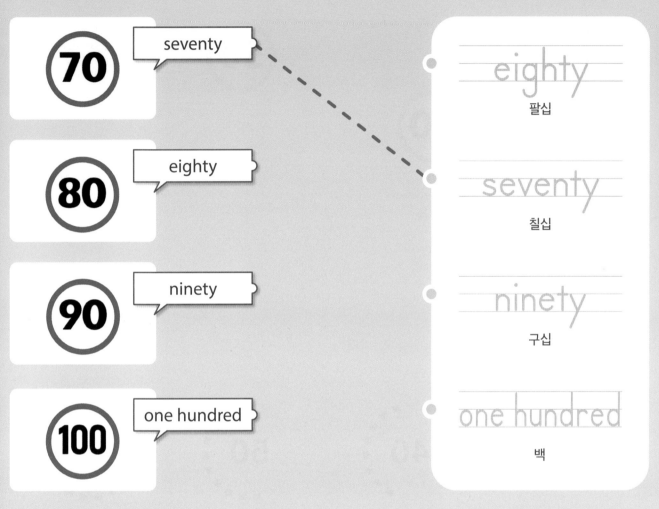

빠진 철자를 채워 보세요.

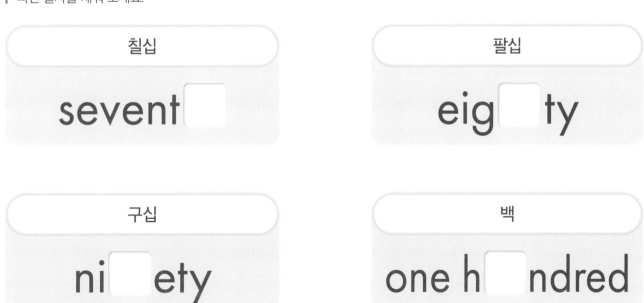

Words Practice

1 그림을 보고, 보기에서 알맞은 말을 골라 쓰세요.

보기 thirty   forty

(40)

(30)

2 그림을 보고, 주어진 철자를 바르게 배열하세요.

(50) f t i f y

s x i t y (60)

3 그림에 맞는 단어를 연결하여 쓰고, 우리말을 고르세요.

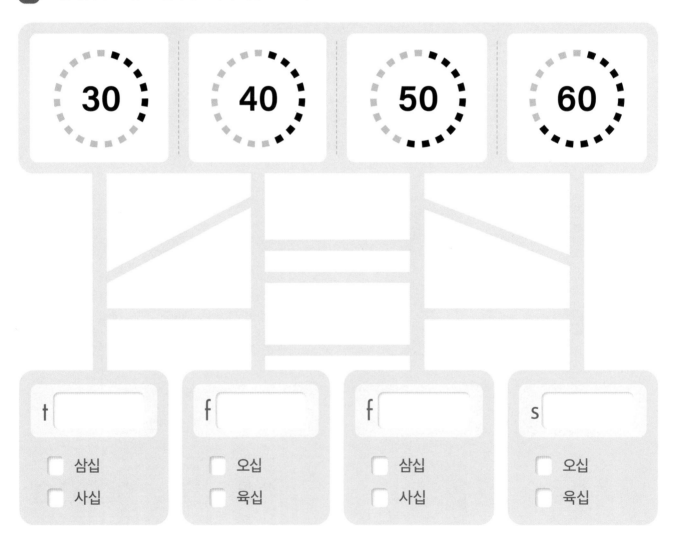

| 30 | 40 | 50 | 60 |

t ____   f ____   f ____   s ____

- ☐ 삼십   ☐ 오십   ☐ 삼십   ☐ 오십
- ☐ 사십   ☐ 육십   ☐ 사십   ☐ 육십

4 그림을 보고, 알맞은 단어를 골라 문장을 완성하세요.

70

☑ seventy ☐ eighty

Thirty plus forty is
seventy.

삼십 더하기 사십은 칠십이다.

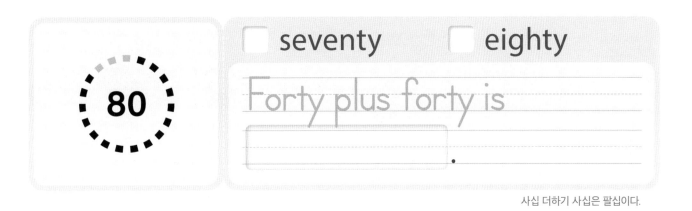

80

☐ seventy ☐ eighty

Forty plus forty is

___.

사십 더하기 사십은 팔십이다.

90

☐ ninety ☐ one hundred

Forty plus fifty is

___.

사십 더하기 오십은 구십이다.

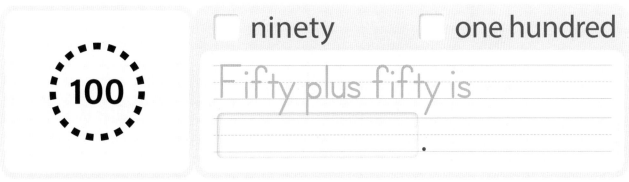

100

☐ ninety ☐ one hundred

Fifty plus fifty is

___.

오십 더하기 오십은 백이다.

Count the Numbers

Let's answer the questions.

(1) There are two fish
     in one fishbowl.
     There are eleven fish
     in another fishbowl.

How many fish are there?

(2) I have $100.
    I spent $20.

How much money do I have now?

(3) Sally has 3 "Hi" stickers.
    Tim has 8 "Hello" stickers.

How many stickers do they have?

☑ Read and circle.

1 What is the answer for (1)?

ⓐ twelve   ⓑ thirteen   ⓒ thirty

2 What is the answer for (2)?

ⓐ forty   ⓑ sixty   ⓒ eighty

3 What is the answer for (3)?

ⓐ seventy   ⓑ eleven   ⓒ one hundred

✎ Choose and write.

fourteen   sixteen   seventy

1

16

I have _____ dogs.

2

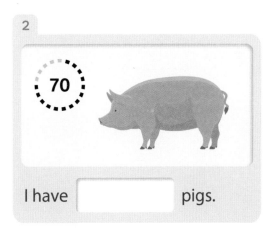

70

I have _____ pigs.

Review 단어 복습

✓ 우리말에 맞게 주어진 철자를 바르게 배열하여 쓰세요.

1	열하나	e e n l v e	✎
2	열둘	t e w l v e	
3	열셋	t h r i e e n t	
4	열넷	f u r e o e t n	
5	열다섯	f t f i e n e	
6	열여섯	s x i t e n e	
7	열일곱	s v e e n e t e n	
8	열여덟	e g h i t n e e	
9	열아홉	n e e n e i t n	
10	스물	t w t e n y	
11	삼십	t i h r y t	
12	사십	f o t r y	
13	오십	f t f i y	
14	육십	s x i t y	
15	칠십	s v e e n y t	
16	팔십	e g h i t y	
17	구십	n y n e i t	
18	백	h n u d r e d	one _____

CHAPTER 4

Calendar

UNIT 07

SUN

MON

UNIT 08

DEC

JAN

UNIT 07 듣기
QR코드를 스캔하여 단어와
문장을 듣고 따라해 보세요.

UNIT 08 듣기
QR코드를 스캔하여 단어와
문장을 듣고 따라해 보세요.

Calendar 1 달력

보고 따라 쓰세요.

 MON

Monday

Monday

월요일

Tuesday

Tuesday

TUE

화요일

WED

Wednesday

Wednesday

Thursday

Thursday

THU

수요일

목요일

알맞은 말을 골라 보세요.

월요일

Momday (Monday)

화요일

Tuesday Tuseday

수요일

Wednesday Wesdneday

목요일

Thursday Thusrday

연결하고 따라 쓰세요.

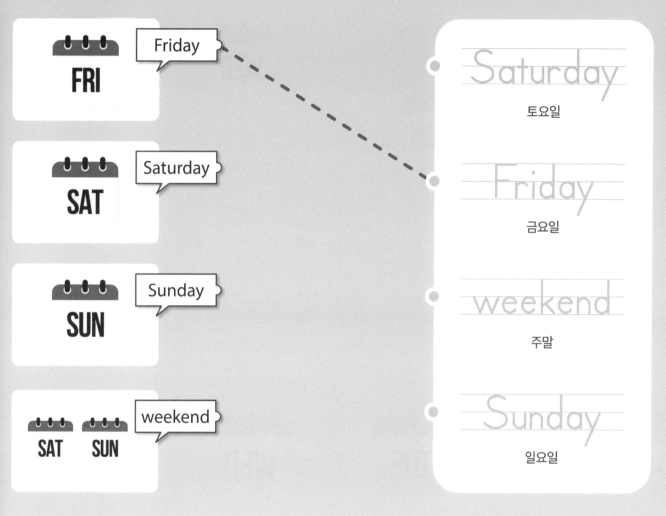

빠진 철자를 채워 보세요.

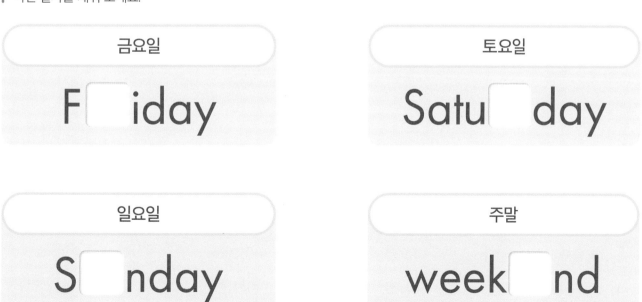

Words Practice

1 그림을 보고, 보기에서 알맞은 말을 골라 쓰세요.

Monday　　　　Tuesday

TUE

MON

2 그림을 보고, 주어진 철자를 바르게 배열하세요.

WED

W d e n s d e a y

T u r d s h a y

THU

3 그림에 맞는 단어를 연결하여 쓰고, 우리말을 고르세요.

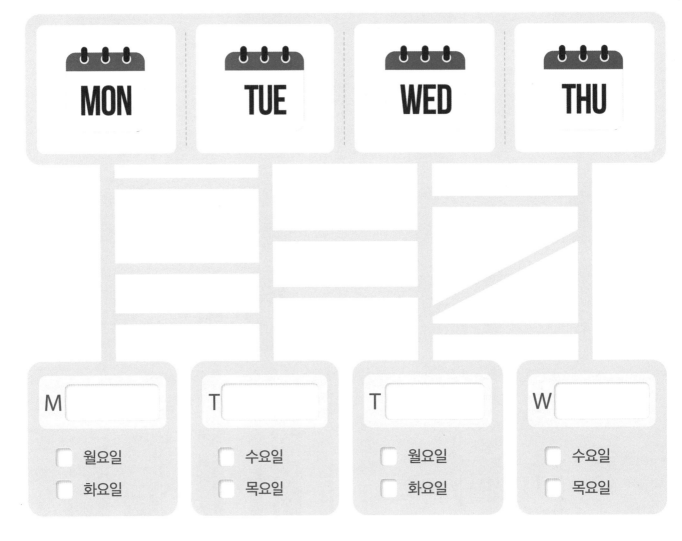

MON　　TUE　　WED　　THU

M____

T____

T____

W____

☐ 월요일
☐ 화요일

☐ 수요일
☐ 목요일

☐ 월요일
☐ 화요일

☐ 수요일
☐ 목요일

48

4 그림을 보고, 알맞은 단어를 골라 문장을 완성하세요.

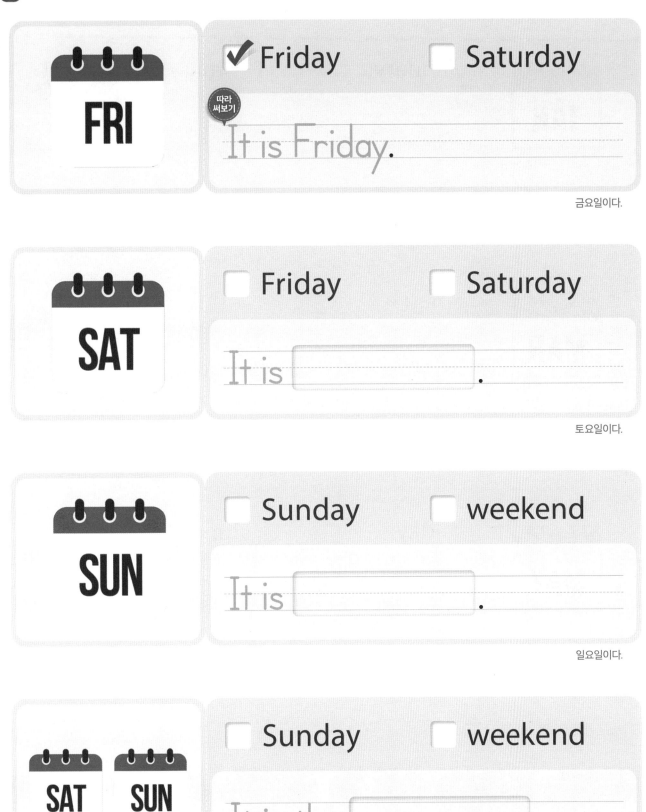

FRI
☑ Friday   ☐ Saturday

따라 써보기
It is Friday.

금요일이다.

SAT
☐ Friday   ☐ Saturday

It is _____ .

토요일이다.

SUN
☐ Sunday   ☐ weekend

It is _____ .

일요일이다.

SAT   SUN
☐ Sunday   ☐ weekend

It is the _____ .

주말이다.

Calendar 2 달력

보고 따라 쓰세요.

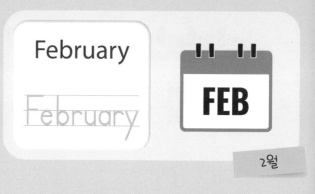

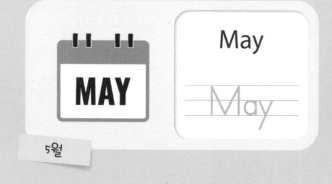

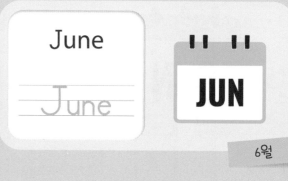

빠진 철자를 채워 보세요.

Jan□ary   Fe□ruary   Ma□ch   Ap□il   Ma□   J□ne
1월   2월   3월   4월   5월   6월

연결하고 따라 쓰세요.

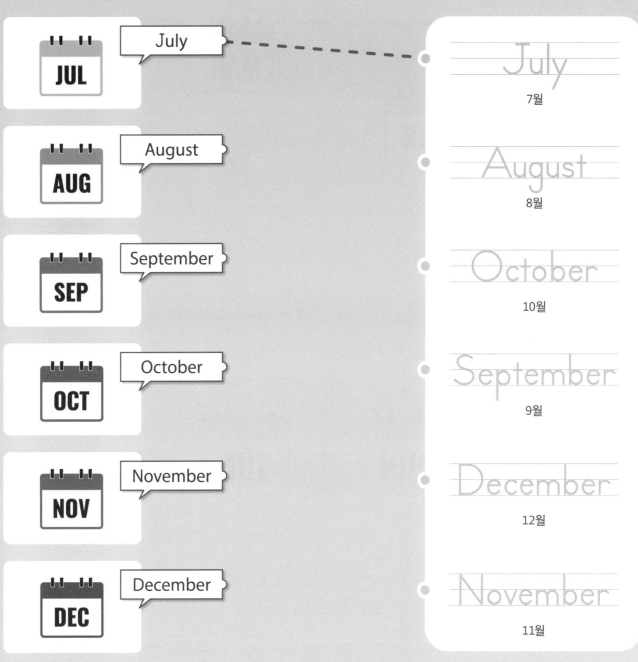

July	July 7월
August	August 8월
September	October 10월
October	September 9월
November	December 12월
December	November 11월

J◯ly 7월   A◯gust 8월   Se◯tember 9월   O◯tober 10월   No◯ember 11월   De◯ember 12월

Words Practice

1 그림을 보고, 보기에서 알맞은 말을 골라 쓰세요.

January	February

FEB

JAN

2 그림을 보고, 주어진 철자를 바르게 배열하세요.

MAR

M r c h a

A r i p l

APR

3 그림에 맞는 단어를 연결하여 쓰고, 우리말을 고르세요.

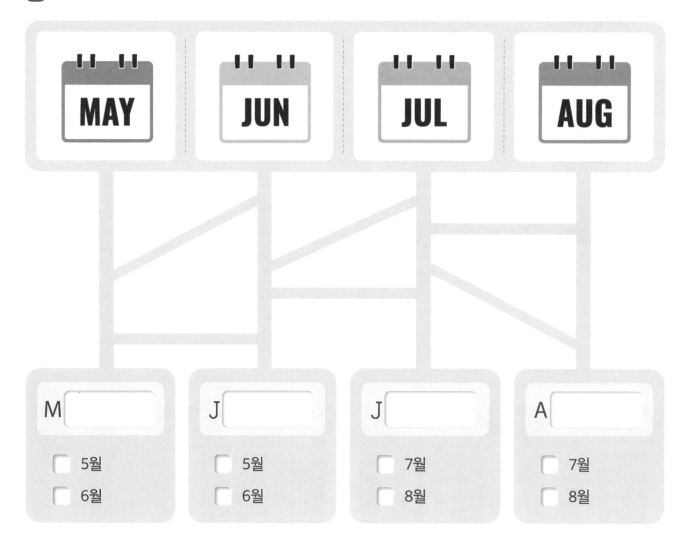

MAY

JUN

JUL

AUG

M

J

J

A

- ☐ 5월
- ☐ 6월

- ☐ 5월
- ☐ 6월

- ☐ 7월
- ☐ 8월

- ☐ 7월
- ☐ 8월

4 그림을 보고, 알맞은 단어를 골라 문장을 완성하세요.

✓ September ☐ October

따라 써보기

It is September 1.

9월 1일이다.

☐ September ☐ October

It is ⬚ 1.

10월 1일이다.

☐ November ☐ December

It is ⬚ 1.

11월 1일이다.

☐ November ☐ December

It is ⬚ 1.

12월 1일이다.

A Week And a Year

There are 7 days in a week.
Monday is the first day of the week.
It is followed by Tuesday,
Wednesday, Thursday, Friday,
Saturday, and Sunday.

There are 12 months in a year.
January is the first month of the year.
It is followed by February, March,
April, May, June, July, August,
September, October, November, and December.

☑ Read and circle.

1 _____ is followed by Friday.

ⓐ Thursday   ⓑ Saturday   ⓒ Sunday

2 _____ is followed by May.

ⓐ April   ⓑ June   ⓒ September

3 Choose T for True or F for False.

ⓐ A year begins in January.   T / F

ⓑ There are 12 days in a week.   T / F

✎ Choose and write.

March   August   December

_____ is in spring.

_____ is in winter.

Review 단어 복습

우리말에 맞게 주어진 철자를 바르게 배열하여 쓰세요.

1	월요일	Mndoay
2	화요일	Tesuady
3	수요일	Wesdneayd
4	목요일	Thadyurs
5	금요일	Faydri
6	토요일	Surtadya
7	일요일	Snduay
8	주말	wkeened
9	1월	Junarya
10	2월	Fuberyra
11	3월	Mrahc
12	4월	Arilp
13	5월	Mya
14	6월	Jneu
15	7월	Jylu
16	8월	Augsut
17	9월	Sebrtpeme
18	10월	Otbecro
19	11월	Nveomerb
20	12월	Dcemebre

CHAPTER 5

Animals

UNIT
09

UNIT
10

UNIT 09 듣기
QR코드를 스캔하여 단어와
문장을 듣고 따라해 보세요.

UNIT 10 듣기
QR코드를 스캔하여 단어와
문장을 듣고 따라해 보세요.

보고 따라 쓰세요.

fish

따라 써보기

fish

물고기

frog

frog

개구리

bee

bee

벌

parrot

parrot

앵무새

알맞은 말을 골라 보세요.

물고기

개구리

fish   fich

frog   frop

벌

앵무새

bea   bee

parott   parrot

58

연결하고 따라 쓰세요.

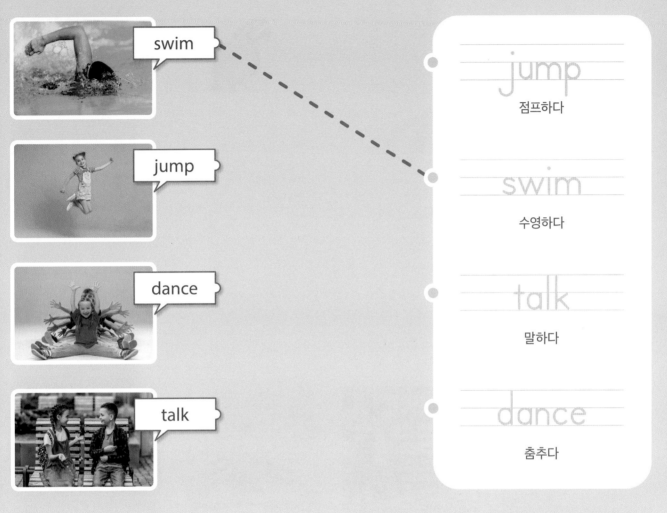

빠진 철자를 채워 보세요.

수영하다

s □ im

점프하다

ju □ p

춤추다

dan □ e

말하다

□ alk

Words Practice

1 그림을 보고, 보기에서 알맞은 말을 골라 쓰세요.

> **보기**   fish   frog

2 그림을 보고, 주어진 철자를 바르게 배열하세요.

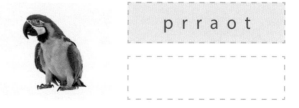

p r r a o t

e b e

3 그림에 맞는 단어를 연결하여 쓰고, 우리말을 고르세요.

j

☐ 수영하다
☐ 점프하다

d

☐ 춤추다
☐ 말하다

t

☐ 춤추다
☐ 말하다

s

☐ 수영하다
☐ 점프하다

4 그림을 보고, 알맞은 단어를 골라 문장을 완성하세요.

fish

☑ swim ☐ jump

따라 써보기

Fish can swim.

물고기들은 수영할 수 있다.

frog

☐ swim ☐ jump

Frogs can [   ].

개구리들은 점프할 수 있다.

bee

☐ talk ☐ dance

Bees can [   ].

벌들은 춤출 수 있다.

parrot

☐ talk ☐ dance

Parrots can [   ].

앵무새들은 말할 수 있다.

보고 따라 쓰세요.

snake

 따라 써보기

snake

뱀

turtle

turtle

거북이

penguin

penguin

펭귄

elephant

elephant

코끼리

알맞은 말을 골라 보세요.

뱀

sanke (snake)

거북이

turtle   tutler

펭귄

penguin   pengiun

코끼리

elephant   ellepant

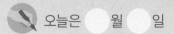

오늘은 ◯ 월 ◯ 일

▌연결하고 따라 쓰세요.

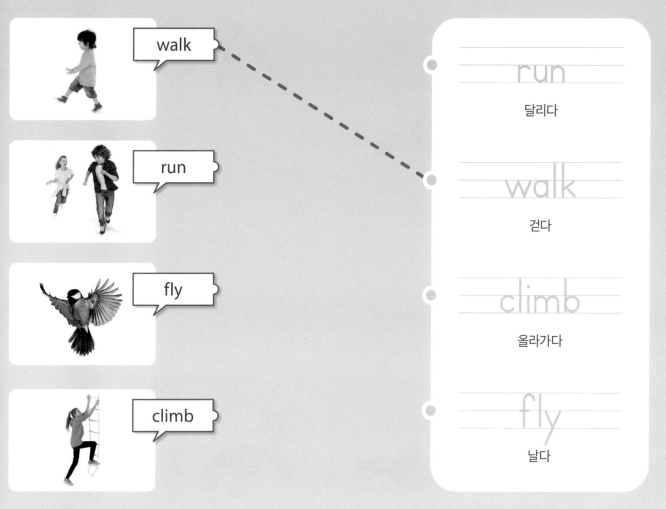

run
달리다

walk
걷다

climb
올라가다

fly
날다

▌빠진 철자를 채워 보세요.

걷다

☐alk

달리다

r☐n

날다

☐ly

올라가다

clim☐

Words Practice

1 그림을 보고, 보기에서 알맞은 말을 골라 쓰세요.

보기 snake   turtle

2 그림을 보고, 주어진 철자를 바르게 배열하세요.

p n g e u i n

e e p h a l n t

3 그림에 맞는 단어를 연결하여 쓰고, 우리말을 고르세요.

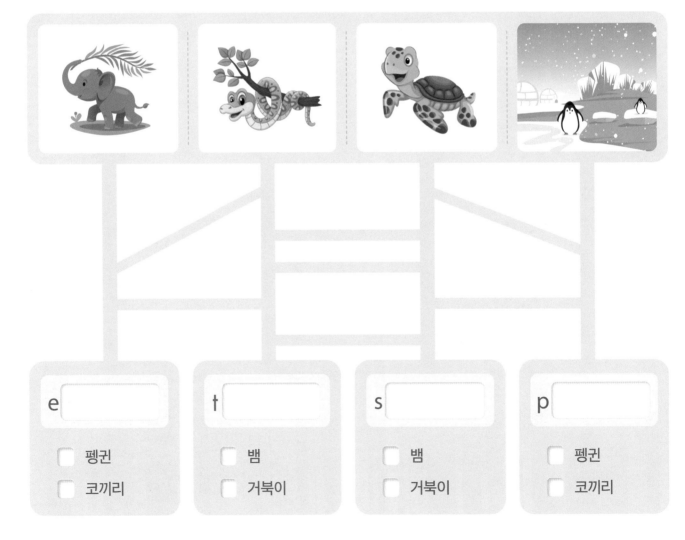

e

☐ 펭귄
☐ 코끼리

t

☐ 뱀
☐ 거북이

s

☐ 뱀
☐ 거북이

p

☐ 펭귄
☐ 코끼리

4 그림을 보고, 알맞은 단어를 골라 문장을 완성하세요.

snake

☑ walk ☐ run

따라 써보기

Snakes can't walk.

뱀들은 걸을 수 없다.

turtle

☐ walk ☐ run

Turtles can't [   ] fast.

거북이들은 빨리 뛸 수 없다.

penguin

☐ fly ☐ climb

Penguins can't [   ].

펭귄들은 날 수 없다.

elephant

☐ fly ☐ climb

Elephants can't [   ].

코끼리들은 (무언가를) 오를 수 없다.

Let's Read

Animals

Yes, They Can!

What can animals do?

Fish can swim.

Frogs can swim and jump.

Bees can fly and dance.

Parrots can fly, dance, and talk.

Snakes can climb, but they can't walk.

Turtles can swim, but they can't run fast.

Penguins can walk, but they can't fly.

Elephants can run, but they can't climb.

☑ Read and circle.

1 _____ can fly.

   ⓐ Frogs   ⓑ Penguins   ⓒ Parrots

2 Snakes can _____.

   ⓐ walk   ⓑ climb   ⓒ dance

3 What can bees do?

   ⓐ swim   ⓑ dance   ⓒ talk

✎ Choose and write.

| elephants   turtles   parrots |

1

_____ can talk.

2

_____ can run, but they can't climb.

Review 단어 복습

우리말에 맞게 주어진 철자를 바르게 배열하여 쓰세요.

1	물고기	f s i h
2	개구리	f o g r
3	벌	e e b
4	앵무새	p o r a r t
5	수영하다	s m i w
6	점프하다	j p u m
7	춤추다	d c a e n
8	말하다	t l a k
9	뱀	s a k e n
10	거북이	t t l e u r
11	펭귄	p g e u n i n
12	코끼리	e l p h e a t n
13	걷다	w k a l
14	뛰다	r n u
15	날다	f y l
16	올라가다	c b l i m

CHAPTER 6

*Activities

UNIT 11

UNIT 12

UNIT 11 듣기
QR코드를 스캔하여 단어와
문장을 듣고 따라해 보세요.

UNIT 12 듣기
QR코드를 스캔하여 단어와
문장을 듣고 따라해 보세요.

Activities 1

보고 따라 쓰세요.

soccer

따라 써보기
_____
soccer

축구

baseball

baseball

야구

basketball

basketball

농구

tennis

tennis

테니스

알맞은 말을 골라 보세요.

축구

soccor (soccer)

야구

baceball baseball

농구

basketball backetball

테니스

tenise tennis

연결하고 따라 쓰세요.

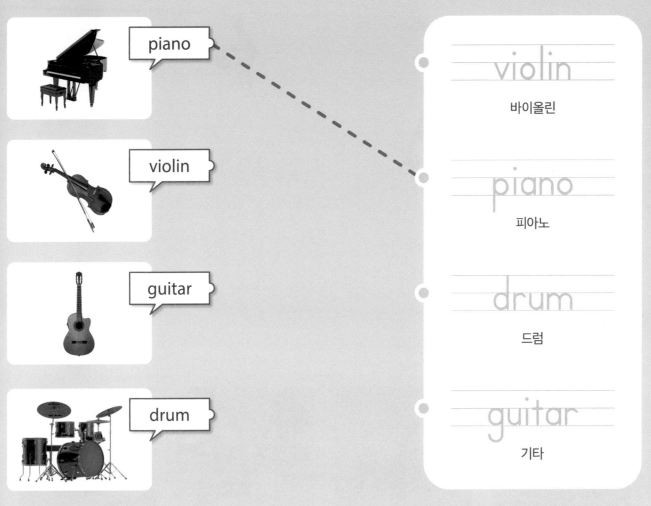

빠진 철자를 채워 보세요.

Words Practice

1 그림을 보고, 보기에서 알맞은 말을 골라 쓰세요.

보기

soccer   baseball

2 그림을 보고, 주어진 철자를 바르게 배열하세요.

b s k a t b e a l l

t n n e s i

3 그림에 맞는 단어를 연결하여 쓰고, 우리말을 고르세요.

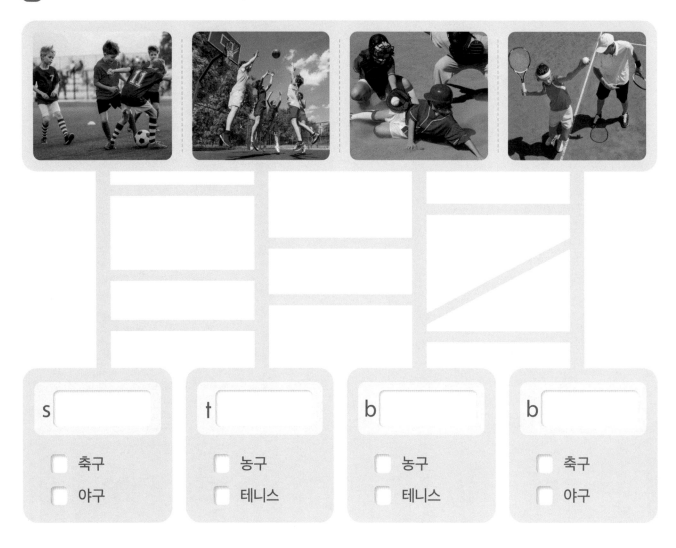

s

☐ 축구
☐ 야구

t

☐ 농구
☐ 테니스

b

☐ 농구
☐ 테니스

b

☐ 축구
☐ 야구

4 그림을 보고, 알맞은 단어를 골라 문장을 완성하세요.

☑ piano ☐ violin

따라
써보기

I play the piano.

나는 피아노를 연주한다.

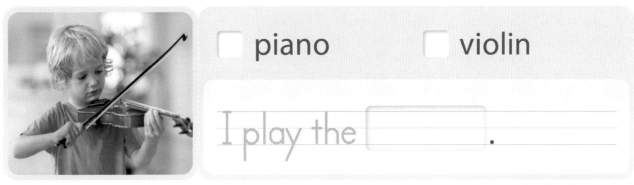

☐ piano ☐ violin

I play the ☐ .

나는 바이올린을 연주한다.

☐ guitar ☐ drums

I play the ☐ .

나는 기타를 연주한다.

☐ guitar ☐ drums

I play the ☐ .

나는 드럼을 연주한다.

보고 따라 쓰세요.

go camping

 따라
써보기

~~go camping~~

캠핑하러 가다

go swimming

~~go swimming~~

수영하러 가다

go hiking

~~go hiking~~

하이킹하러 가다

go fishing

~~go fishing~~

낚시하러 가다

알맞은 말을 골라 보세요.

캠핑하러 가다

go [(camping) / camging]

수영하러 가다

go [swimming / swiming]

하이킹하러 가다

go [hiking / hikeing]

낚시하러 가다

go [fiching / fishing]

연결하고 따라 쓰세요.

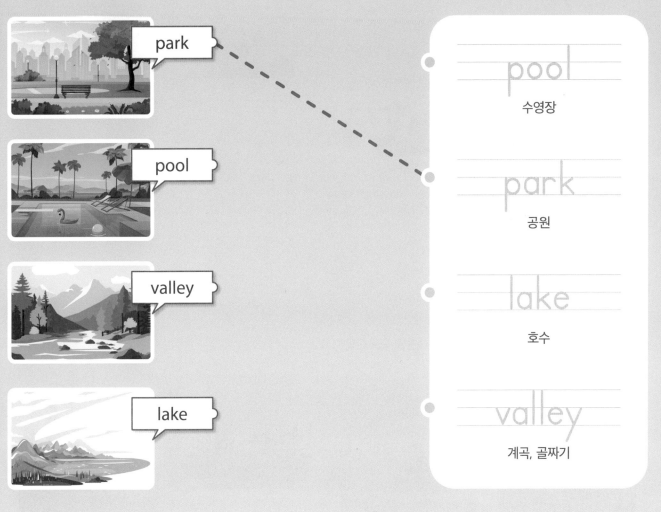

빠진 철자를 채워 보세요.

Words Practice

1 그림을 보고, 보기에서 알맞은 말을 골라 쓰세요.

보기
go camping   go fishing

2 그림을 보고, 주어진 철자를 바르게 배열하세요.

h k i g n i

go

s w m m n i g i

go

3 그림에 맞는 단어를 연결하여 쓰고, 우리말을 고르세요.

go
_____
☐ 캠핑하러 가다
☐ 수영하러 가다

go
_____
☐ 하이킹하러 가다
☐ 낚시하러 가다

go
_____
☐ 캠핑하러 가다
☐ 수영하러 가다

go
_____
☐ 하이킹하러 가다
☐ 낚시하러 가다

4 그림을 보고, 알맞은 단어를 골라 문장을 완성하세요.

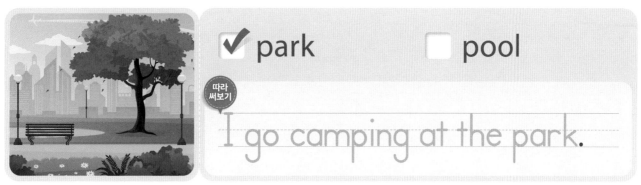

☑ park   ☐ pool

따라 써보기

I go camping at the park.

나는 공원에 캠핑하러 간다.

☐ park   ☐ pool

I go swimming in the

[   ].

나는 수영장에 수영하러 간다.

☐ valley   ☐ lake

I go hiking to the [   ].

나는 골짜기에 하이킹하러 간다.

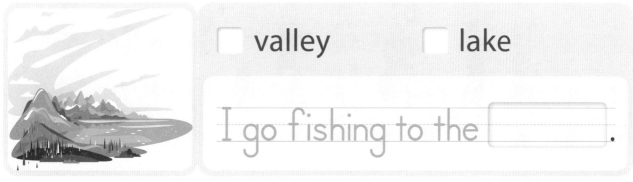

☐ valley   ☐ lake

I go fishing to the [   ].

나는 호수에 낚시하러 간다.

Let's Play!

My friends love sports.

Sue likes to play soccer.

Tom likes to play baseball.

My family loves music.

My mom likes to play the piano.

My dad likes to play the drums.

But I don't like sports and music.

I like camping.

I go camping at the park every Friday.

What do you like to do?

☑ Read and circle.

1 What does my dad like to do?

    ⓐ He likes to play soccer.

    ⓑ He likes to play the drums.

2 Sue likes to _____ soccer.

    ⓐ play   ⓑ go   ⓒ have

3 _____ love sports.

    ⓐ My friends   ⓑ I   ⓒ My sisters

✏ Choose and write.

| basketball | tennis | the guitar | the violin |

1

We like to play [   ].

2

I like to play [   ].

79

Review 단어 복습

우리말에 맞게 주어진 철자를 바르게 배열하여 쓰세요.

1	축구	s c o c r e	✏️
2	야구	b s a e b l l a	
3	농구	b s k t a e l l a b	
4	테니스	t n n e i s	
5	피아노	p i n a o	
6	바이올린	v o l i n i	
7	기타	g i u t r a	
8	드럼	d u r m	
9	캠핑하러 가다	c i m p a g n	go _____
10	수영하러 가다	s m m w n i g i	go _____
11	하이킹하러 가다	h k i n i g	go _____
12	낚시하러 가다	f h s i i n g	go _____
13	공원	p k r a	
14	수영장	p l o o	
15	계곡, 골짜기	v e l a l y	
16	호수	l k a e	

CHAPTER 7

Directions

Directions 길 안내

보고 따라 쓰세요.

go straight

 따라 써보기

go straight

직진하다

turn right

turn right

오른쪽으로 돌다

turn left

turn left

왼쪽으로 돌다

walk along

walk along

따라 걷다

알맞은 말을 골라 보세요.

직진하다

go [(straight) / striaght]

오른쪽으로 돌다

turn [right / richt]

왼쪽으로 돌다

turn [loft / left]

따라 걷다

walk [aling / along]

연결하고 따라 쓰세요.

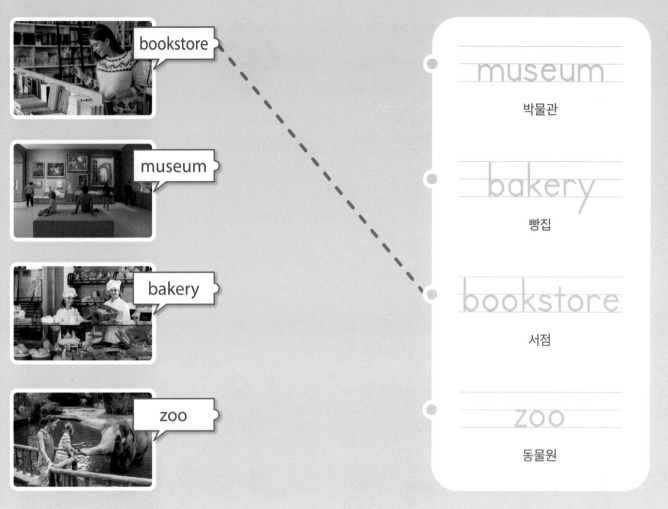

빠진 철자를 채워 보세요.

서점

book□tore

박물관

mus□um

빵집

ba□ery

동물원

z□o

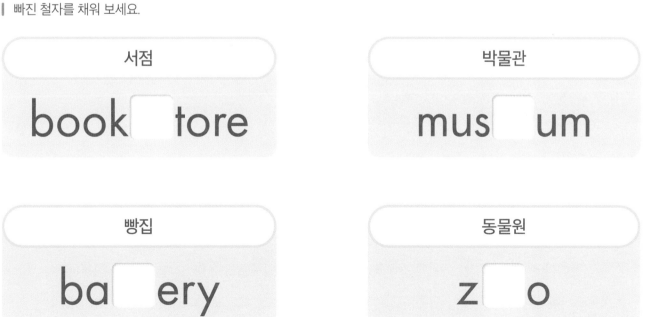

Words Practice

1 그림을 보고, 보기에서 알맞은 말을 골라 쓰세요.

> 보기
>
> go straight   walk along

2 그림을 보고, 주어진 철자를 바르게 배열하세요.

r g i h t

turn

l f e t

turn

3 그림에 맞는 단어를 연결하여 쓰고, 우리말을 고르세요.

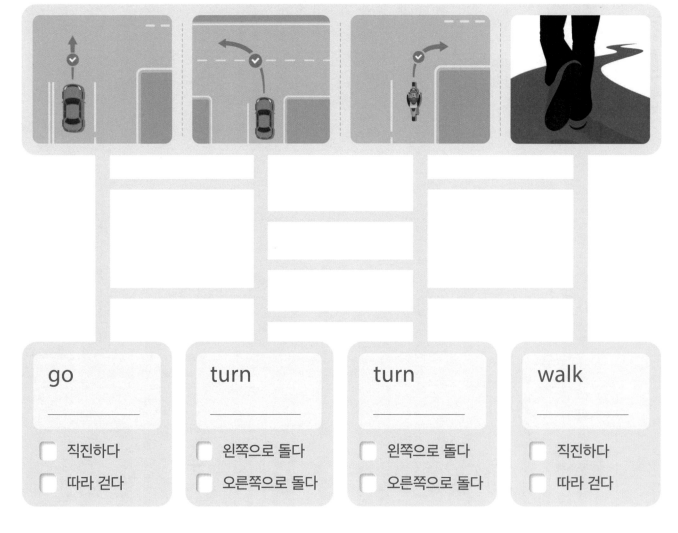

go
_____
☐ 직진하다
☐ 따라 걷다

turn
_____
☐ 왼쪽으로 돌다
☐ 오른쪽으로 돌다

turn
_____
☐ 왼쪽으로 돌다
☐ 오른쪽으로 돌다

walk
_____
☐ 직진하다
☐ 따라 걷다

4 그림을 보고, 알맞은 단어를 골라 문장을 완성하세요.

☑ bookstore ☐ museum

따라
써보기

The bookstore is next to the house.

서점은 집 옆에 있다.

☐ bookstore ☐ museum

The [   ] is next to the house.

박물관은 집 옆에 있다.

☐ bakery ☐ zoo

The [   ] is next to the house.

빵집은 집 옆에 있다.

☐ bakery ☐ zoo

The [   ] is next to the house.

동물원은 집 옆에 있다.

| 보고 따라 쓰세요.

be kind

따라
써보기

be kind

친절하다

be quiet

be quiet

조용하다

play safely

play safely

안전하게 놀다

listen carefully

listen

carefully

귀를 기울이다

| 알맞은 말을 골라 보세요.

친절하다

조용하다

be kind   be kimd

be queit   be quiet

안전하게 놀다

귀를 기울이다

play safly   play safely

listen careful   listen carefully

연결하고 따라 쓰세요.

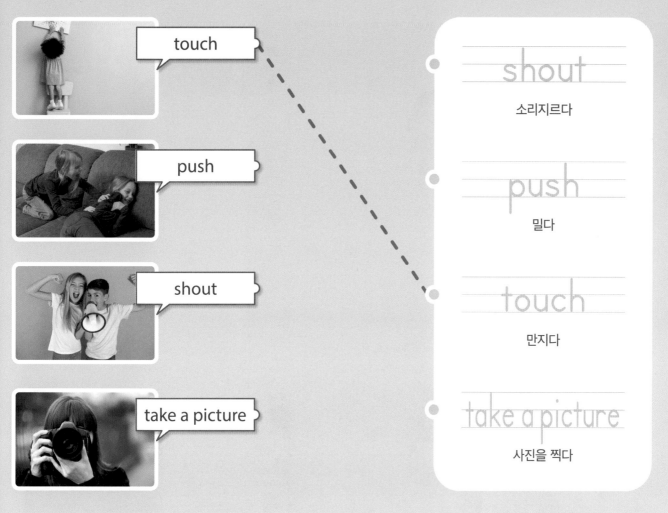

빠진 철자를 채워 보세요.

Words Practice

1 그림을 보고, 보기에서 알맞은 말을 골라 쓰세요.

보기 play safely   listen carefully

2 그림을 보고, 주어진 철자를 바르게 배열하세요.

k n i d

be

q i e u t

be

3 그림에 맞는 단어를 연결하여 쓰고, 우리말을 고르세요.

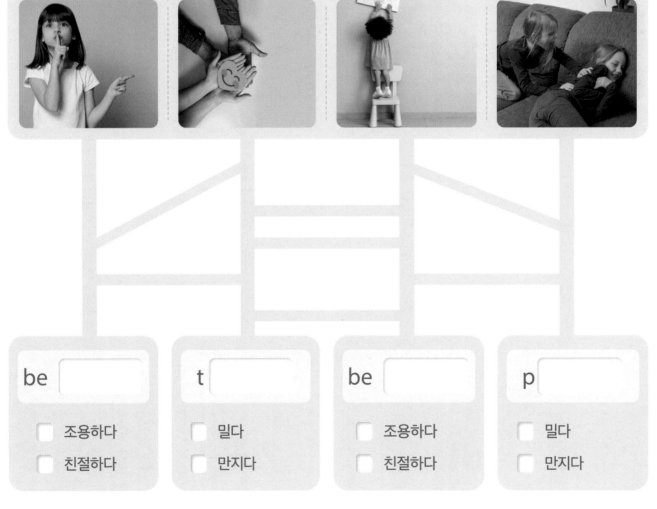

be

☐ 조용하다
☐ 친절하다

t

☐ 밀다
☐ 만지다

be

☐ 조용하다
☐ 친절하다

p

☐ 밀다
☐ 만지다

4 그림을 보고, 알맞은 단어를 골라 문장을 완성하세요.

☑ touch ☐ push

따라 써보기

Don't touch.

만지지 마라.

☐ touch ☐ push

Don't ___.

밀지 마라.

☐ shout ☐ take a picture

Don't ___.

소리지르지 마라.

☐ shout ☐ take a picture

Don't ___.

사진을 찍지 마라.

Let's Read

In the Museum

Directions

Where is the museum?
Go straight and turn right.
It's next to the bookstore.

Welcome to the museum.
Be quiet here.
Don't shout.
Don't touch, please.
And don't push your friends.
Follow the rules.

☑ Read and circle.

1 Don't _____ the things in the museum.

    ⓐ go straight   ⓑ touch   ⓒ be kind

2 _____ in the museum.

    ⓐ Shout   ⓑ Play safely   ⓒ Don't shout

3 Choose T for True or F for False.

    ⓐ There is a bookstore next to the museum.   T / F

    ⓑ In the museum, you should push your friends.   T / F

✒ Choose and write.

| play safely | take a picture | listen carefully |

1

_____.

2

Don't _____.

Review 단어 복습

우리말에 맞게 주어진 철자를 바르게 배열하여 쓰세요.

1	직진하다	s r h g t i t a	✎ go _____
2	오른쪽으로 돌다	r t h g i	turn _____
3	왼쪽으로 돌다	l t e f	turn _____
4	따라 걷다	a o n g l	walk _____
5	서점	b o s o o t r k e	
6	박물관	u m s m e u	
7	빵집	b k y e r a	
8	동물원	o o z	
9	친절하다	k n d i	be _____
10	조용하다	q e i u t	be _____
11	안전하게 놀다	s l y a f e	play _____
12	귀를 기울이다	c r a f e l l u y	listen _____
13	만지다	t c o h u	
14	밀다	p h s u	
15	소리지르다	s o h u t	
16	사진을 찍다	p c t i r e u	take a _____

Daily Life

UNIT
15

UNIT 15 듣기
QR코드를 스캔하여 단어와
문장을 듣고 따라해 보세요.

UNIT
16

UNIT 16 듣기
QR코드를 스캔하여 단어와
문장을 듣고 따라해 보세요.

보고 따라 쓰세요.

morning

 따라 써보기

morning

아침

afternoon

afternoon

오후

evening

evening

저녁

night

night

밤

알맞은 말을 골라 보세요.

| 아침 | | 오후 |

morinng (morning)

afternoon   afternoun

| 저녁 | | 밤 |

evneing   evening

night   might

연결하고 따라 쓰세요.

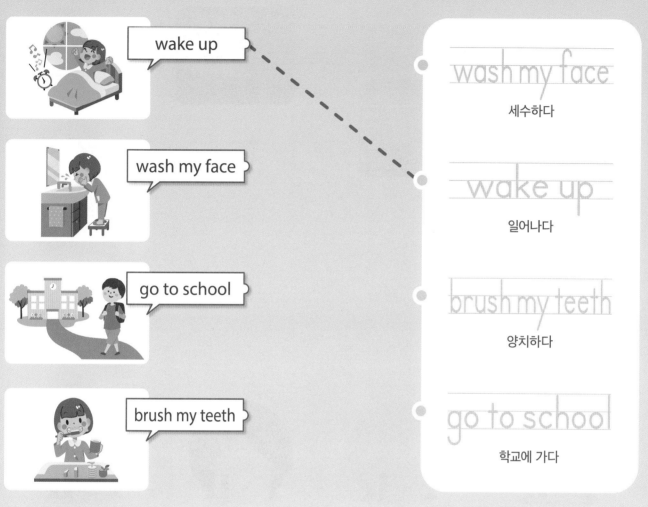

빠진 철자를 채워 보세요.

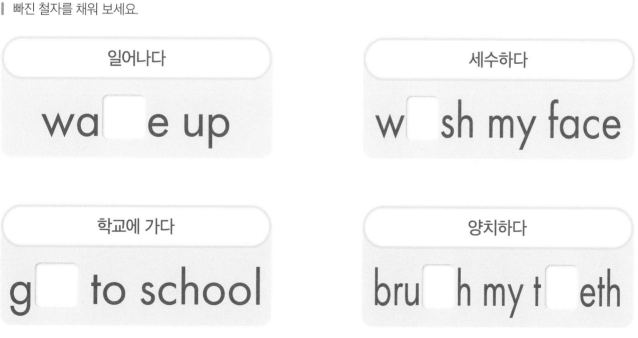

Words Practice

1 그림을 보고, 보기에서 알맞은 말을 골라 쓰세요.

보기   morning   afternoon

2 그림을 보고, 주어진 철자를 바르게 배열하세요.

e e v n n i g

n g t h i

3 그림에 맞는 단어를 연결하여 쓰고, 우리말을 고르세요.

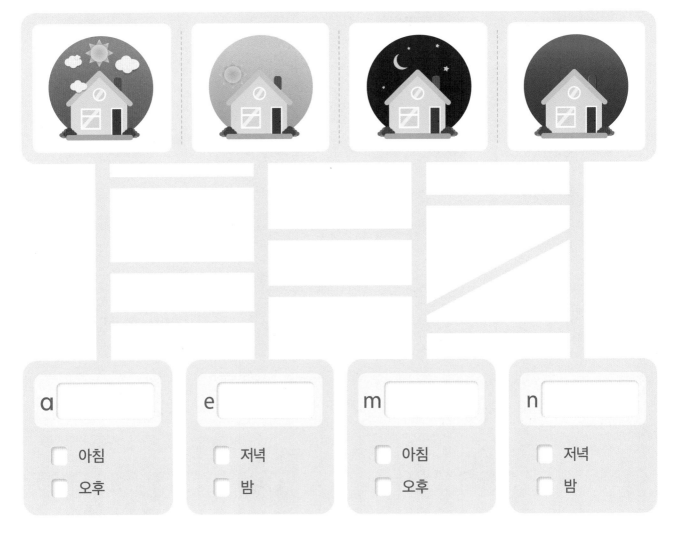

a

☐ 아침
☐ 오후

e

☐ 저녁
☐ 밤

m

☐ 아침
☐ 오후

n

☐ 저녁
☐ 밤

4 그림을 보고, 알맞은 단어를 골라 문장을 완성하세요.

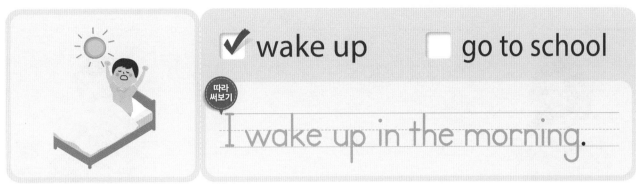

☑ wake up ☐ go to school

I wake up in the morning.

나는 아침에 일어난다.

☐ wake up ☐ go to school

I

in the morning.

나는 아침에 학교에 간다.

☐ wash my face ☐ brush my teeth

I

in the morning.

나는 아침에 세수한다.

☐ wash my face ☐ brush my teeth

I

in the morning.

나는 아침에 양치한다.

| 보고 따라 쓰세요.

read a book

 따라
써보기

~~read a book~~

책을 읽다

have lunch

~~have lunch~~

점심을 먹다

ride a bike

~~ride a bike~~

자전거를 타다

walk home

~~walk home~~

집에 걸어가다

| 알맞은 말을 골라 보세요.

| 책을 읽다 | 점심을 먹다 |

(read a book)　real a book　　have lunch　have lanch

| 자전거를 타다 | 집에 걸어가다 |

ride a bick　ride a bike　　walk home　wlak home

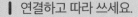

오늘은 ⬤ 월 ⬤ 일

┃ 연결하고 따라 쓰세요.

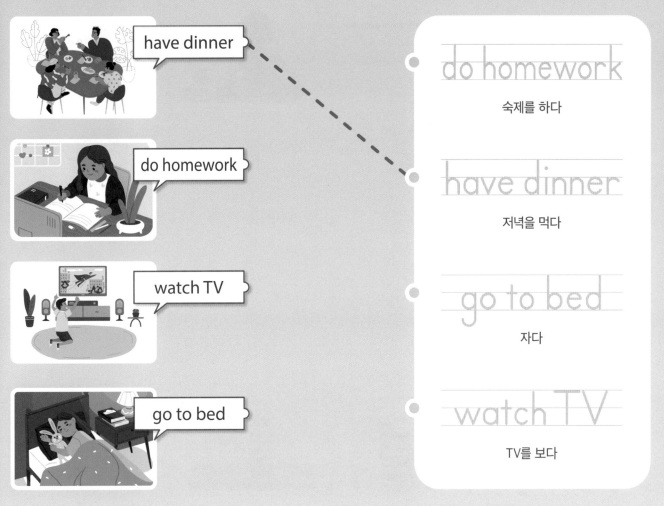

have dinner	do homework
do homework	숙제를 하다
watch TV	have dinner
go to bed	저녁을 먹다
	go to bed
	자다
	watch TV
	TV를 보다

┃ 빠진 철자를 채워 보세요.

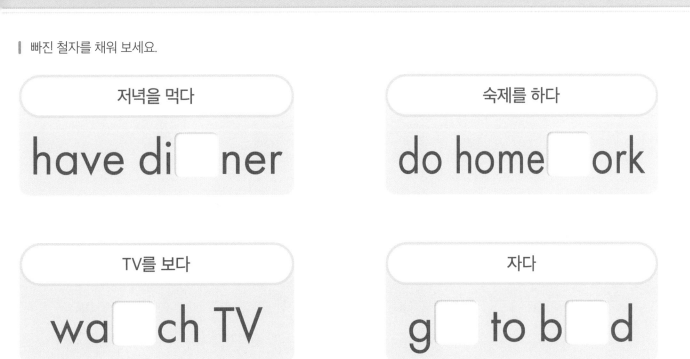

저녁을 먹다

have di ☐ ner

숙제를 하다

do home ☐ ork

TV를 보다

wa ☐ ch TV

자다

g ☐ to b ☐ d

Words Practice

1 그림을 보고, 보기에서 알맞은 말을 골라 쓰세요.

보기
read a book   ride a bike

2 그림을 보고, 주어진 철자를 바르게 배열하세요.

l c n u h

have

h m e o

walk

3 그림에 맞는 단어를 연결하여 쓰세요.

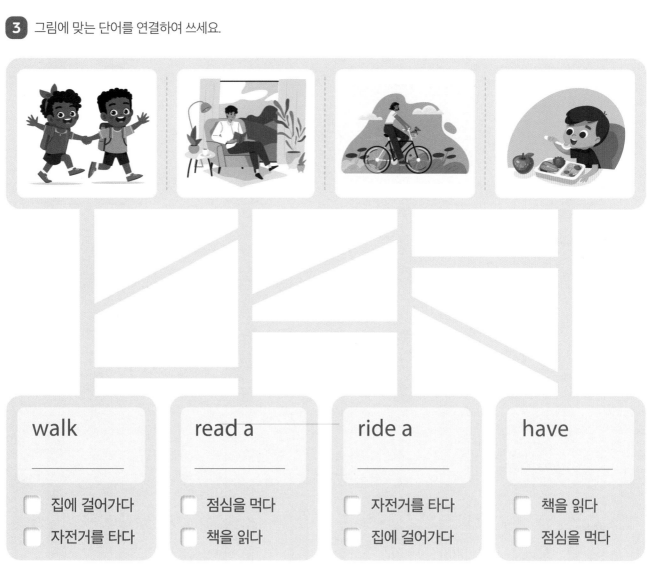

walk	read a	ride a	have
⬜ 집에 걸어가다	⬜ 점심을 먹다	⬜ 자전거를 타다	⬜ 책을 읽다
⬜ 자전거를 타다	⬜ 책을 읽다	⬜ 집에 걸어가다	⬜ 점심을 먹다

4 그림을 보고, 알맞은 단어를 골라 문장을 완성하세요.

☑ have dinner ☐ do my homework

따라 써보기

I have dinner in the evening.

나는 저녁에 저녁을 먹는다.

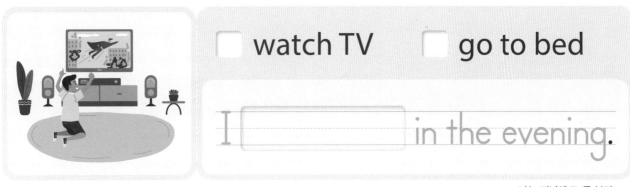

☐ watch TV ☐ go to bed

I ⬚ in the evening.

나는 저녁에 TV를 본다.

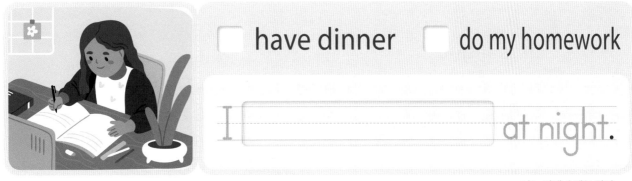

☐ have dinner ☐ do my homework

I ⬚ at night.

나는 밤에 숙제를 한다.

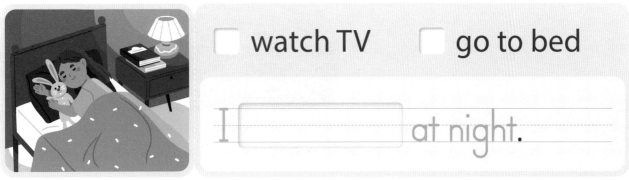

☐ watch TV ☐ go to bed

I ⬚ at night.

나는 밤에 잔다.

Let's Read

Daily Life

My Day

It is morning.
I wake up and wash my face.

It is afternoon.
I have lunch and ride a bike.

It is evening.
I have dinner and watch TV.

It is night.
I do my homework and go to bed.
Good night.

☑ Read and circle.

1 I _____ in the morning.

ⓐ watch TV   ⓑ wake up   ⓒ do my homework

2 I ride a bike in the _____.

ⓐ afternoon   ⓑ evening   ⓒ morning

3 I go to bed _____.

ⓐ in the evening   ⓑ at night   ⓒ in the morning

✎ Choose and write.

walk home   read a book   wash my face

1

I _____
in the afternoon.

2

I _____
in the morning.

Review 단어 복습

우리말에 맞게 주어진 철자를 바르게 배열하여 쓰세요.

1	아침	m r n i g n o	
2	오후	a t n n o f e o r	
3	저녁	e n n i g v e	
4	밤	n g i h t	
5	일어나다	w k a e	_____ up
6	세수하다	w h a s	_____ my face
7	학교에 가다	s h o o c l	go to _____
8	양치하다	b u h r s	_____ my teeth
9	책을 읽다	r d e a	_____ a book
10	점심을 먹다	l n c h u	have _____
11	자전거를 타다	b k e i	ride a _____
12	집에 걸어가다	h m o e	walk _____
13	저녁을 먹다	d n n r i e	have _____
14	숙제를 하다	h m w o e k r o	do _____
15	TV를 보다	w t c h a	_____ TV
16	자다	d e b	go to _____

혼공 초등 영단어
Starter 02

Voca Workbook

영단어	우리말	철자
1 pencil		pen[ ]il
2 book		boo[ ]
3 eraser		e[ ]aser
4 ruler		r[ ]ler
5 crayon		cra[ ]on
6 notebook		not[ ]book
7 scissors		s[ ]issors
8 glue stick		glue sti[ ]k

영단어	우리말	철자
1 school		sc[ ]ool
2 classroom		cla[ ]sroom
3 library		li[ ]rary
4 playground		play[ ]round

2 School 2

영단어	우리말	철자
5 go		g☐
6 study		st☐dy
7 read		rea☐
8 play		☐lay

3 Jobs 1

영단어	우리말	철자
1 doctor		do☐tor
2 firefighter		fire☐ighter
3 cook		☐ook
4 police officer		poli☐e officer
5 hospital		hos☐ital
6 restaurant		resta☐rant
7 fire station		fire st☐tion
8 police station		police stati☐n

영단어	우리말	철자
1 teacher		tea☐her
2 farmer		fa☐mer
3 nurse		n☐rse
4 bus driver		bus driv☐r
5 teach students		te☐ch students
6 grow crops		gro☐ crops
7 help sick people		h☐lp sick pe☐ple
8 drive buses		dri☐e b☐ses

영단어	우리말	철자
1 eleven		el☐ven
2 twelve		t☐elve
3 thirteen		thir☐een
4 fourteen		fo☐rteen

5 Numbers 1

영단어	우리말	철자
5	fifteen		fi☐teen
6	sixteen		si☐teen
7	seventeen		seve☐teen
8	eighteen		ei☐hteen
9	nineteen		nin☐teen
10	twenty		twent☐

6 Numbers 2

영단어	우리말	철자
1	thirty		thi☐ty
2	forty		f☐rty
3	fifty		fif☐y
4	sixty		☐ixty
5	seventy		sevent☐
6	eighty		☐ighty

6 Numbers 2

영단어	우리말	철자
7 ninety		n□nety
8 one hundred		one hun□red

7 Calendar 1

월 ○ 일 ○ 요일

영단어	우리말	철자
1 Monday		Mo□day
2 Tuesday		T□esday
3 Wednesday		We□nesday
4 Thursday		Thur□day
5 Friday		F□iday
6 Saturday		Sa□urday
7 Sunday		Sund□y
8 weekend		wee□end

영단어	우리말	철자
1 January		Jan☐ary
2 February		Feb☐uary
3 March		Marc☐
4 April		A☐ril
5 May		☐ay
6 June		Ju☐e
7 July		Jul☐
8 August		Au☐ust
9 September		Se☐tember
10 October		Octo☐er
11 November		No☐ember
12 December		De☐ember

영단어	우리말	철자
1 fish		fi☐h
2 frog		fr☐g
3 bee		b☐e
4 parrot		par☐ot
5 swim		s☐im
6 jump		jum☐
7 dance		da☐ce
8 talk		ta☐k

영단어	우리말	철자
1 snake		sna☐e
2 turtle		tu☐tle
3 penguin		pen☐uin
4 elephant		ele☐hant

10　Animals 2

	영단어	우리말	철자
5	walk		wal◻
6	run		r◻n
7	fly		◻ly
8	climb		clim◻

11　Activities 1

	영단어	우리말	철자
1	soccer		so◻cer
2	baseball		bas◻ball
3	basketball		bas◻etball
4	tennis		ten◻is
5	piano		pia◻o
6	violin		vi◻lin
7	guitar		gui◻ar
8	drum		dru◻

영단어	우리말	철자
1	go camping		go cam☐ing
2	go swimming		go s☐imming
3	go hiking		go hi☐ing
4	go fishing		☐o fishing
5	park		pa☐k
6	pool		p☐ol
7	valley		v☐lley
8	lake		la☐e

영단어	우리말	철자
1	go straight		go str☐ight
2	turn right		turn ri☐ht
3	turn left		turn l☐ft
4	walk along		walk ☐long

13 Directions

영단어	우리말	철자
5 bookstore		booksto◻e
6 museum		mus◻um
7 bakery		ba◻ery
8 zoo		z◻o

14 Rules

영단어	우리말	철자
1 be kind		be ◻ind
2 be quiet		be qui◻t
3 play safely		play sa◻ely
4 listen carefully		listen careful◻y
5 touch		to◻ch
6 push		pus◻
7 shout		sho◻t
8 take a picture		take a pi◻ture

영단어	우리말	철자
1 morning		mo◻ning
2 afternoon		after◻oon
3 evening		eve◻ing
4 night		ni◻ht
5 wake up		◻ake up
6 wash my face		wash my f◻ce
7 go to school		go to sc◻ool
8 brush my teeth		brush my t◻eth

영단어	우리말	철자
1 read a book		read a b◻ok
2 have lunch		have lu◻ch
3 ride a bike		◻ide a bike
4 walk home		walk ◻ome

16 Daily Life 2

영단어	우리말	철자
5	have dinner		have din◻er
6	do homework		do home◻ork
7	watch TV		wa◻ch TV
8	go to bed		go to ◻ed

혼공 초등 영단어
Starter 02

Voca Workbook 정답

1 School 1

1. 연필
2. 책
3. 지우개
4. 자
5. 크레용
6. 공책
7. 가위
8. 딱풀

2 School 2

1. 학교
2. 교실
3. 도서관
4. 운동장, 놀이터
5. 가다
6. 공부하다
7. 읽다
8. 놀다

3 Jobs 1

1. 의사
2. 소방관
3. 요리사
4. 경찰관
5. 병원
6. 식당
7. 소방서
8. 경찰서

4 Jobs 2

1. 선생님
2. 농부
3. 간호사
4. 버스 운전사
5. 학생들을 가르치다
6. 곡식들을 재배하다
7. 아픈 사람들을 돕다
8. 버스들을 운전하다

5 Numbers 1

1 열하나

2 열둘

3 열셋

4 열넷

5 열다섯

6 열여섯

7 열일곱

8 열여덟

9 열아홉

10 스물

6 Numbers 2

1 삼십

2 사십

3 오십

4 육십

5 칠십

6 팔십

7 구십

8 백

7 Calendar 1

1 월요일

2 화요일

3 수요일

4 목요일

5 금요일

6 토요일

7 일요일

8 주말

8 Calendar 2

1 1월

2 2월

3 3월

4 4월

5 5월

6 6월

7 7월

8 8월

9 9월

10 10월

11 11월

12 12월

9 Animals 1

1. 물고기
2. 개구리
3. 벌
4. 앵무새
5. 수영하다
6. 점프하다
7. 춤추다
8. 말하다

10 Animals 2

1. 뱀
2. 거북이
3. 펭귄
4. 코끼리
5. 걷다
6. 뛰다
7. 날다
8. 올라가다

11 Activities 1

1. 축구
2. 야구
3. 농구
4. 테니스
5. 피아노
6. 바이올린
7. 기타
8. 드럼

12 Activities 2

1. 캠핑하러 가다
2. 수영하러 가다
3. 하이킹하러 가다
4. 낚시하러 가다
5. 공원
6. 수영장
7. 계곡, 골짜기
8. 호수

13 Directions

1 직진하다

2 오른쪽으로 돌다

3 왼쪽으로 돌다

4 따라 걷다

5 서점

6 박물관

7 빵집

8 동물원

14 Rules

1 친절하다

2 조용하다

3 안전하게 놀다

4 귀를 기울이다

5 만지다

6 밀다

7 소리지르다

8 사진을 찍다

15 Daily Life 1

1 아침

2 오후

3 저녁

4 밤

5 일어나다

6 세수하다

7 학교에 가다

8 양치하다

16 Daily Life 2

1 책을 읽다

2 점심을 먹다

3 자전거를 타다

4 집에 걸어가다

5 저녁을 먹다

6 숙제를 하다

7 TV를 보다

8 자다

혼공 초등 영단어
Starter 2

정답

UNIT 01

p.10 ~ p.13

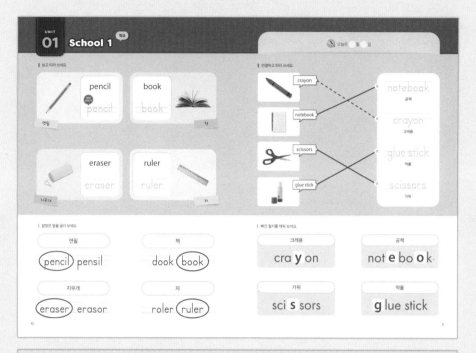

Words Practice

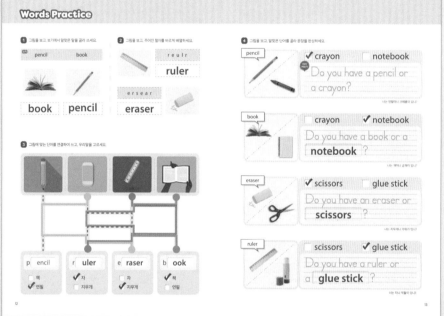

UNIT 02

p.14 ~ p.15

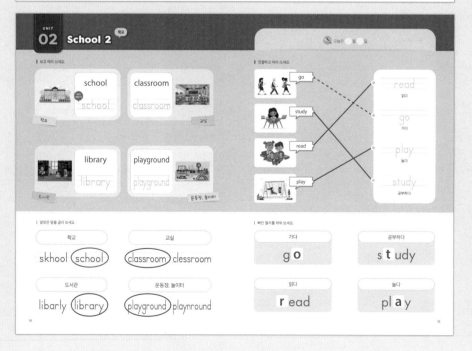

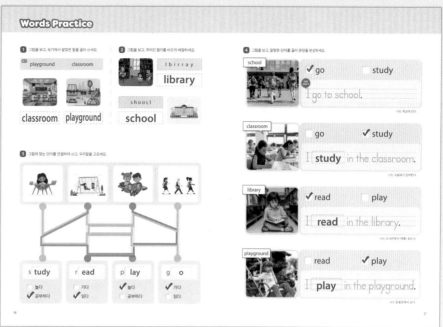

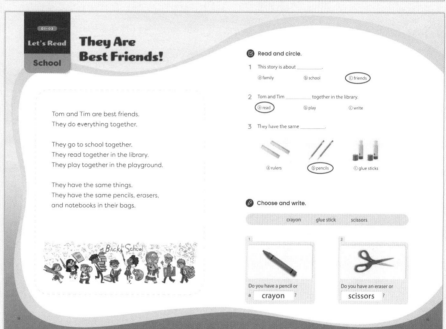

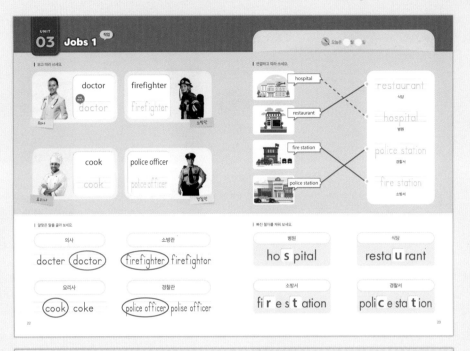

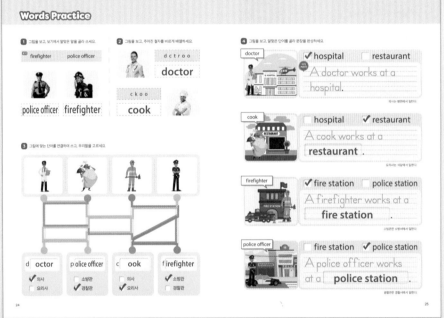

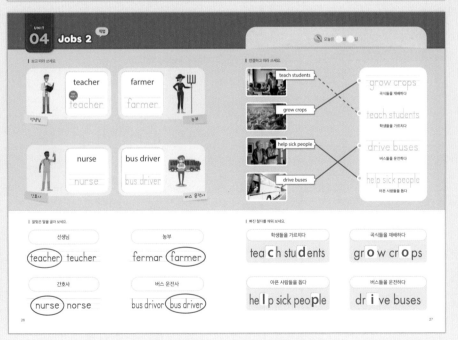

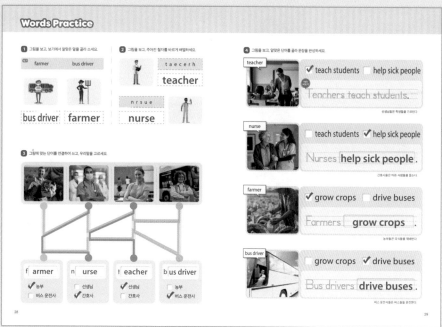

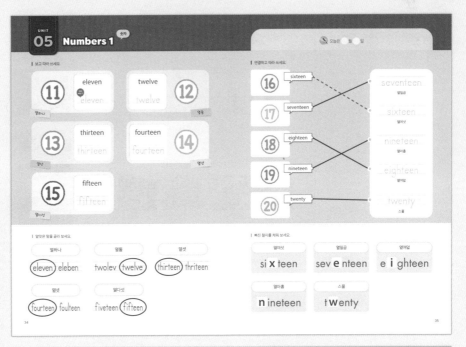

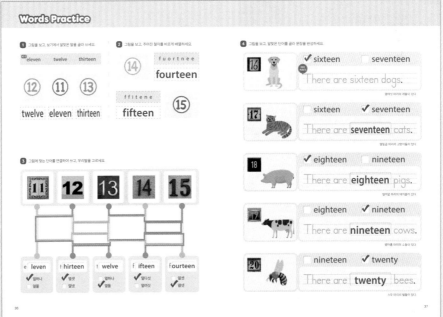

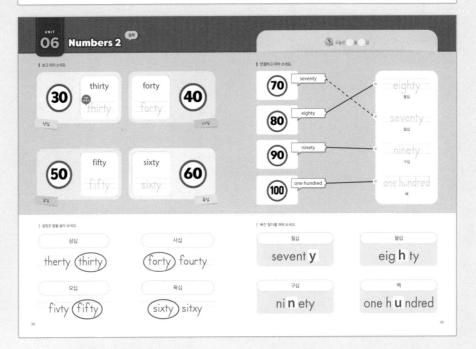

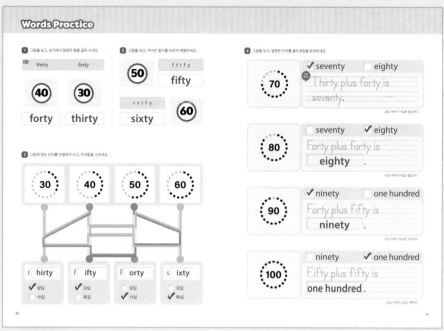

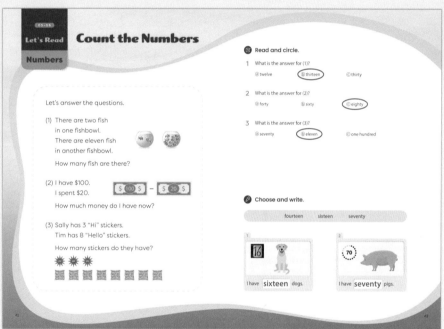

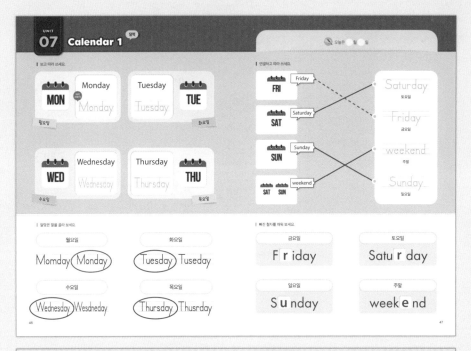

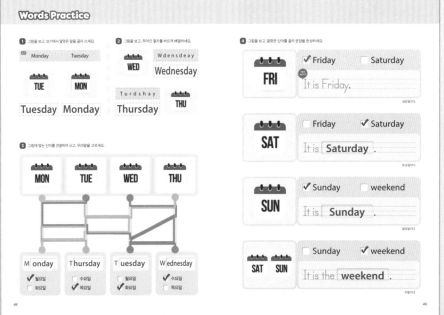

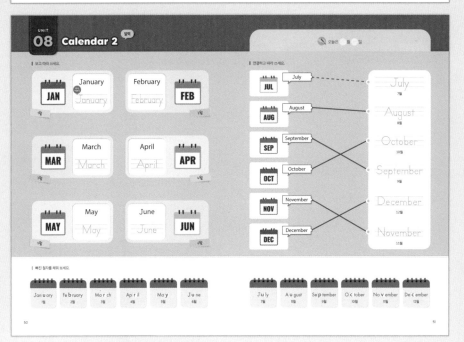

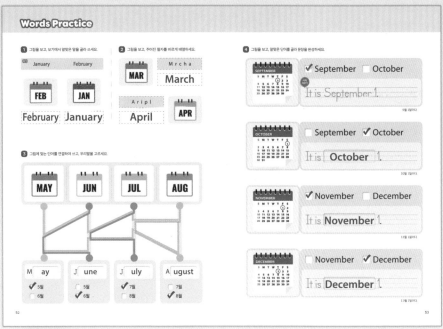

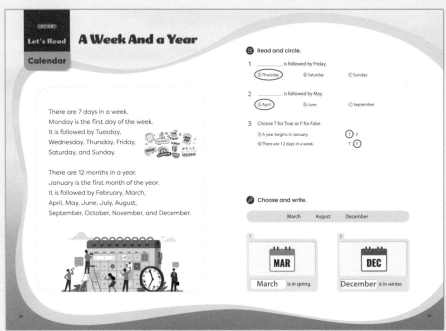

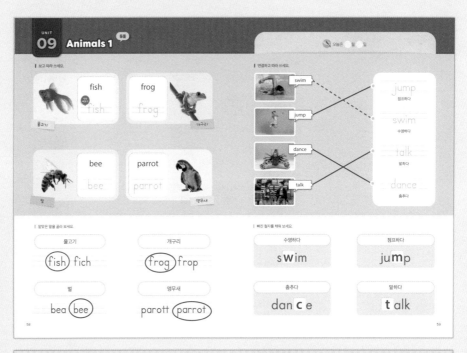

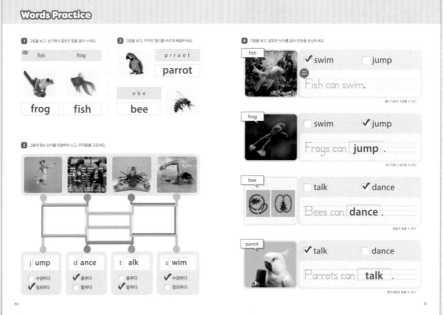

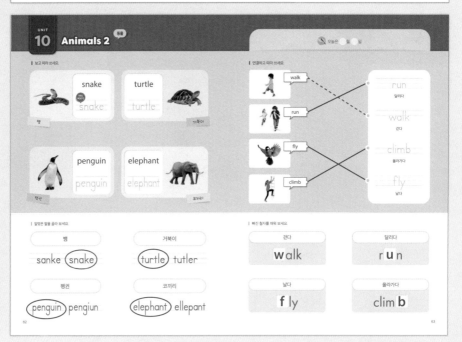

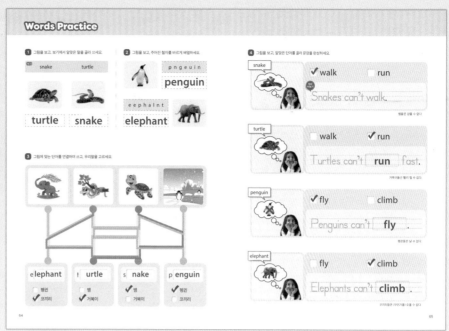

Chapter 6

UNIT 11

p.70 ~ p.73

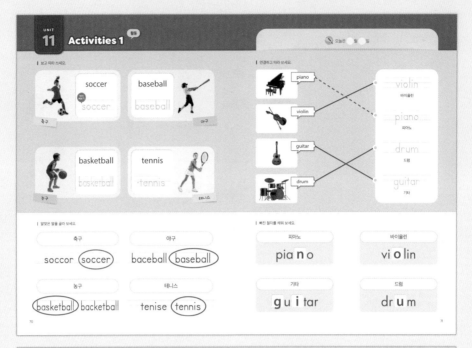

UNIT 12

p.74 ~ p.75

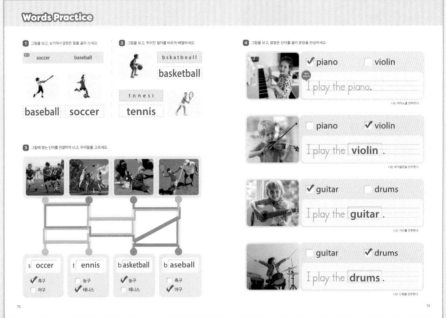

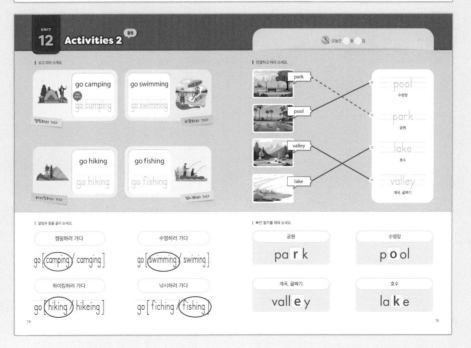

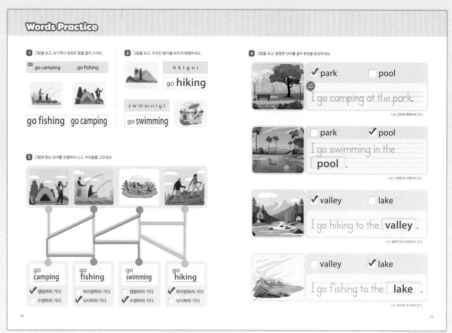

Chapter 7

UNIT 13

p.82 ~ p.85

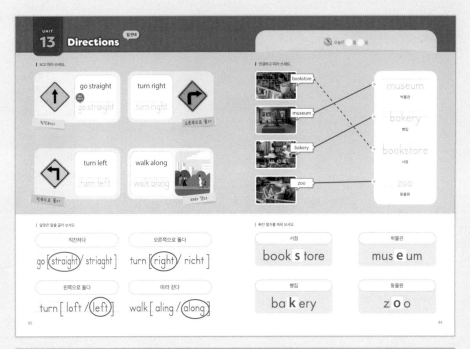

Words Practice

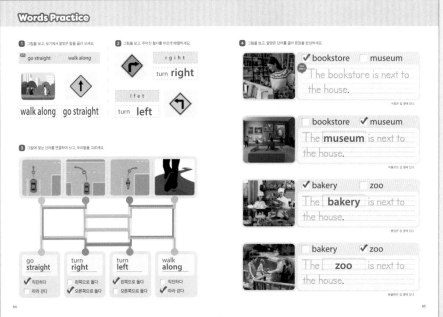

UNIT 14

p.86 ~ p.87

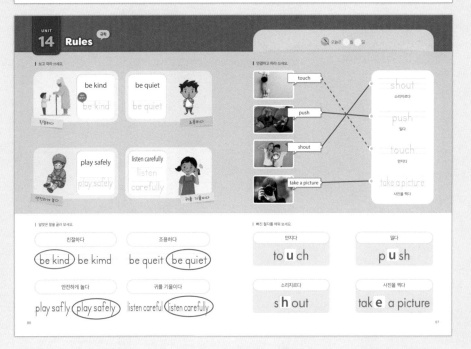

136

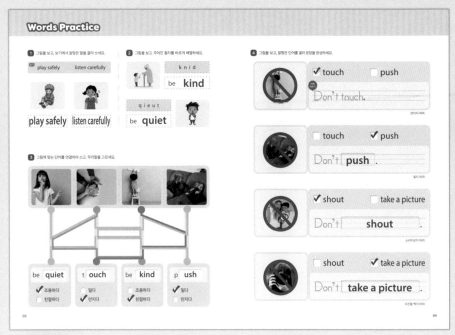

Chapter 8

UNIT 15

p.94 ~ p.97

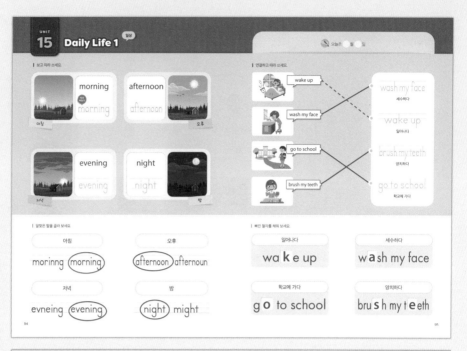

Words Practice

UNIT 16

p.98 ~ p.99

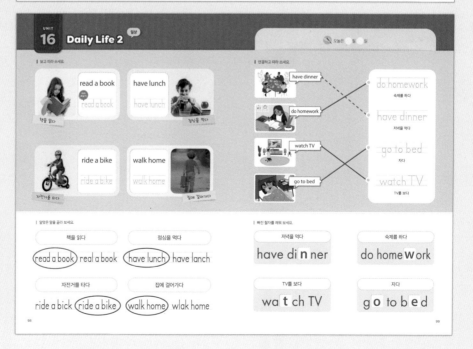

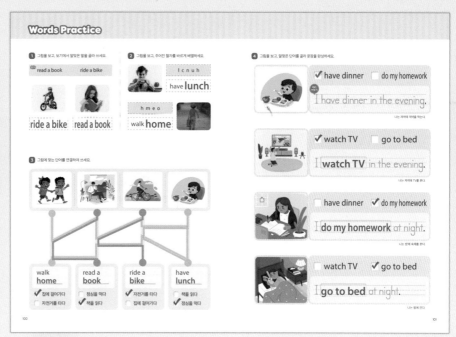

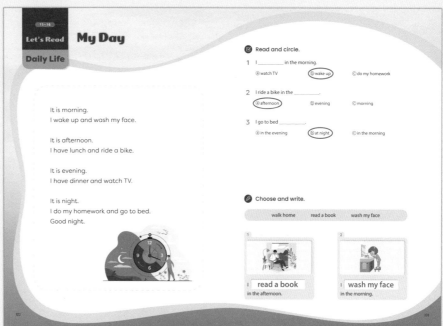